图解 精益制造046

成为最强工厂

最強のモノづくり

[日]御沓佳美 [日]柿内幸夫 著

玲玲 译

人民东方出版传媒
People's Oriental Publishing & Media
東方出版社
The Oriental Press

图书在版编目（CIP）数据

成为最强工厂 / (日) 御沓佳美, (日) 柿内幸夫 著；玲玲 译. — 北京：东方出版社，2017.6
（精益制造；046）
ISBN 978-7-5060-9793-2

Ⅰ. ①成… Ⅱ. ①御… ②柿… ③玲… Ⅲ. ①制造工业—工业企业管理 Ⅳ. ①F407.406

中国版本图书馆CIP数据核字（2017）第131305号

精益制造046：成为最强工厂
（JINGYI ZHIZAO 046:CHENGWEI ZUIQIANG GONGCHANG）

作　　者：［日］御沓佳美　［日］柿内幸夫
译　　者：玲　玲
责任编辑：崔雁行　高琛倩
出　　版：东方出版社
发　　行：人民东方出版传媒有限公司
地　　址：北京市西城区北三环中路6号
邮　　编：100120
印　　刷：三河市中晟雅豪印务有限公司
版　　次：2017年8月第1版
印　　次：2021年1月第2次印刷
开　　本：880毫米 × 1230毫米 1/32
印　　张：11.625
字　　数：229千字
书　　号：ISBN 978-7-5060-9793-2
定　　价：58.00元
发行电话：（010）85924663　85924644　85924641

— 目录 —

第2章 制造的“7个革新”

第3章　社长的视觉化管理

第4章　阶段0　至今仍很常见的“大批生产”

第5章　阶段1　创建工程内的流程

第7章　阶段3　创建工厂内的流程

第8章　阶段4　创建工厂间的流程

第 9 章　阶段 5　创建与消费者相连的流程

第 10 章　阶段 6　创建一气贯通的流程

前言

本书2001年初版。那时候，日本进入泡沫经济时期已有10年，在接下来的低速发展时期，日本制造由国内生产转移到成本较低的海外生产。

在这之前，日本制造在品质管理圈等的改善方法上游刃有余，以高品质、低成本引以为豪。但是，当时的中国低成本生产能力令世人瞠目结舌，很多企业把生产从日本国内转移到了海外。

在海外制造，成本会降低已是事实。最终日本国内生产减少，空洞化现象也很显著，我们感到了巨大的危机。本书就是以提出方案、方法来阻止日本制造业的空洞化为目的的。

泡沫经济时期，制造业靠大量销售获取利益，当时很多日本企业无法从这种成功的体验中抽离，继续着以往陈旧的制造方式，然后因无法获取利益而困惑。我们提出了流程的概念，提倡缩短前置时间。我们提议，不以大规模投资设备或引进信息设备为前提条件，坚决以改善为中心，通过改善制造取得成果。

本书出版之际，有幸获得日本电产株式会社永守重信社长的推荐，从而使更多的读者能从本书中受益。

本书中提议将“流程”分为六个阶段。我们认为一切答案都隐藏在工作现场中，这是经营者取得领导权，通过全公司的改善来改变经营的方法。之后，在描述缩短前置时间的词汇方面，出现了以“精益生产”为代表的各种词汇。我们相信本书所提倡的，是以人的改善能力为中心，改变经营的最现实的方法。

如果能通过本书让中国的读者朋友了解到这种方法，将是我最大的荣幸。

改善顾问股份有限公司

社长 御沓佳美

第 1 章

比中国及其他亚洲国家更快速、廉价地制造更好的产品

1 转变成获利体质

T 社长的决心

日本东北地区的 T 公司是一家拥有 300 名从业人员的半导体生产厂家。

大约 17 年前，我（作者御沓）曾在日本东北担任某研讨会的讲师，T 公司的一名职员碰巧参加了研讨会，他向 T 社长汇报了我讲述的“比中国及其他亚洲国家更快速、廉价地制造更好的产品”的内容，由此我开始为 T 公司提供咨询服务。

研讨会后不久我就接到了 T 公司让我视察工厂车间的委托。但是，出于个人原因考虑，大约有 1 年的时间我一直在推拒 T 公司的委托。

原因是这并非 T 社长本人的委托。也即，我不确定 T 社长是否真心想要改变公司。

企业的改善工作虽是一时的，但却会给所有员工带来巨大痛苦。因此，如果不是社长自身率先努力认真改善的话，是不可能达成目标的。所以，我在接受改善工作委托时，最重视的是社长对于企业改善的态度。

1 年后，我接到了 T 社长本人“真心想要改变企业，所以拜托了”的请求。于是，我开始对 T 公司进行真正的改善。

当时，T 公司是个年销售额 50 亿日元的赤字企业。T 社长虽说是该公司社长，其实是由总公司派来的调任人员。

所有赤字企业的情况都是一样的，以 T 社长为首的部长、课长等领导层几乎都不前往工作现场，完全不了解生产工厂的实际状态。

当我问及厂长“如何管理工厂”时，他的回答是“通过数据来掌握情况”。但是，他所说的工厂状态与我之前见到的大相径庭。

这种情况并不是 T 公司独有的。一般而言，无论哪家公司，随着规模的扩大，以社长为首的管理层都几乎不再前往生产现场。工厂负责人也成了事务性的职位。

此外，T 公司的问题堆积如山，如“人员冗余”“持有 7 个月的库存”“细分化的各工程间各自为政、互相隔离”等。作为改善的第一步，我决定首先从“5S”和“流程化”开始做起。

“流程化”的方法之一是作业人员的“多能工化”。

所谓“多能工化”，是指一位作业人员做多项工作。当时，T 公司的所有员工都是坐着工作的。当然，坐着是不可能实现“多能工化”的。因此，我首先提出了“站立作业”的要求。

T 社长立即同意了，但在这一阶段却遭到了公司内的强烈抵制。

当时的企业领导干部们一再谴责：“站着有什么意义？站也罢、坐也罢，结果是一样的。”“老师的指导只会让现场混乱。”“老师让我们去现场、站着工作。但是现场情况可由数据把握，前往现场只会浪费时间。而且站着真能提高生产效率吗？”被要求站立作业的现场人员还提出了“工作是用手做的，而不是脚，这样只会令人疲惫”“以前一直是坐着工作的，这是加重劳动负担”等反对意见。企业改革始于5月末，而“由坐着工作改为站立作业”的改善举措旋即遭遇失败，T公司的特质改善可谓多灾多难。

然后，在当年的8月，我发现T社长在这种氛围中突然站起来了。并不是开玩笑，而是他真的开始在社长室站立工作了。

T社长还自己垫高了办公桌的桌脚，以使社长室的桌子适合站立工作。

这件事很快传遍了整个公司。这体现了T社长对于改善工作的认真态度，之后工厂的作业人员就开始效仿T社长。

设计部门等事务性职员也意识到公司并非只要求作业人员站立工作，所以他们也全都开始站立工作。当时，劳动工会也没有反对这种做法。

按我以往的经验来看，如果让现场人员站立工作的改革失败，之后的工作会很难进行。站立作业的改革，要么是让各工作场所逐一站起来，要么是让大家一起站起来。

T公司是一起站起来的，而且是社长身先士卒。这样的案例我还是第一次碰到。之后我遇见T社长时，向他询问了当时的想法。

T 社长的话

我从总公司被调派到 T 公司担任社长一职是在昭和五十八年（1983 年）。

当时的日本，盛行在海外设立生产工厂。所以当时公司内有人提出，将亏损的 T 公司关闭，在泰国建厂。

我想关于这个事情,T 公司的员工也多少有所耳闻。事实上，我们的一部分业务也确实开始转移到了在菲律宾的兄弟企业。

但是，我坚信："在日本不能很好地进行生产的企业，也不可能在文化迥异的国外有所盈利。我们所从事的不是原本为了造福日本人的产业吗？现在反而让日本人得不到福利，而将利益推向海外？我们不是通过雇用外国人创造利润而让数百日本人失业的企业。总之，我一定要重建本公司。"关于这点，老师与我所见略同，所以我更加坚定了自己的想法。

为了重建公司，比起追求眼前利润，更为重要的是从根本上改善企业特质，并予以强化。因此，我开始着手对作业动作进行研究和导入 TPM。但是，这些举措都未能取得预期的效果，公司很快陷入了窘境。

虽说如此，但在请老师视察工厂后，被评价为"这样完全不行"时，我还是很受打击。

然后，在倾听老师想法的时候，我渐渐从根本上改变了以往的观点。

首先，我听取了老师的"站立作业可提高 20% 的生产效率"

的建议，所以将坐着工作改为站着工作。但是，无论怎样向职员解释，也得不到他们的理解。

且不论这项改革有没有意义、有没有效果，在公司被逼得“不改变就难以维持下去”的状况下，我决定自己率先站着工作。

当然，职员们自身也有“这个工厂会被关闭并转向海外”的危机感。因为是在日本东北地区，所以他们很难重新找到工作。我觉得，大家是感受到了我“想保住公司”的强烈愿望。

打破常识

我认为，并不是站着工作本身有什么意义，而是T社长想要改变公司的强烈愿望最终表现为站起来这一行为。

然后，全体职员都开始站立工作了。由于突然开始整日站着工作，以社长为首的很多人都受到了腰疼的困扰。当初的生产率一度降低了20%。但大家很快就都适应了。不久，现场的工作人员也切身体会到了站立作业的真正意义。

原本，“站立作业”的目的是使作业有节奏，让各项工作连贯起来。然后，通过组合前后工程的作业，形成“多工程U型生产线”，提高生产率。为此，T公司必须首先去除所有细分出的各工程间的隔阂，将分离的各项工程相关联，即变为流程化作业。而作为前提条件，必须站立作业。

其次，我指出的改善点是“库存”。

当时，T公司持有7个月的库存量。我对T社长建议“减少库存”。而减少方式并不是一点点地减少，而是“锐减、大幅减少”。乍听此言，T 社长也很伤脑筋。

T 公司是东京某上市企业的全资子公司。也就是说，T 公司生产的产品会由总公司购买。因此，所谓减少库存也就意味着会直接减少 T 公司的利润。

T 社长是由总公司调派来的。刚担任社长就减少利润的话，会被总公司认为失职，被解雇的概率很高。因此，T 社长对我说：“我也明白必须减少库存。但是，如果我被解雇的话，好不容易着手的改善也就成了泡影。因此，老师，请您再等 1 年。以花费 2 年左右的时间为标准，逐渐减少库存吧。”

对此，我断然回绝道：“社长，企业特质改善是伴随着痛苦的。因此，缓慢执行是错误的。而且，必须让所有员工明白，我们的目标是多么伟大。花费 2 年时间是不对的。要做的话，就应该一鼓作气。”

当时，T 社长只是“嗯”了一声之后，就陷入了沉思。

但是，过了几天，T 社长打来了电话，“老师，我决定了，就一鼓作气大幅减少库存吧。拜托您了。”

当然，派遣而来的 T 社长负有每月数次回总公司汇报情况的义务。回到总公司，他总会受到董事们“你到底在做些什么？比起强化特质，更应以利润为先”的责备。可以说，总公司对 T 社长的评价极差。后来，T 社长索性不回总公司了。

然而，T 社长经过 3 年的努力将公司扭亏为盈。

企业由拥有 300 名左右员工的规模发展为如今超过 1000 名员工的规模，甚至在泰国设立了工厂。

更颠覆常识的是，现在日本的工厂比泰国的工厂更能廉价地制造商品。之前都是总公司确定成交价，然后从日本的工厂或者泰国大批购买，而如今从该公司购买比从泰国购买更为便宜。

其原因是，泰国的工厂与日本的工厂不同，它依靠人海战术由众多人员制造商品。因此，每个人的人工费再怎么廉价，人数多的话，总人工费就会上涨。再加上运费等一般管理费，其成本就会比日本高。

亏损时期的 T 公司，将大量生产的产品运入物流中心，然后分成小包装发货。如今，该公司已不再有这种浪费，而是与上门送货公司签约，全部由工厂直接发送给客户。也就是说，工厂与客户窗口直接对接。

即，如今的发货地不再是“×× 工厂”，而是细化为“×× 工厂 ×× 窗口 ×× 订货中心”。因此，即便在同一个工厂也必须清点数量后打包发货。计入这些物流费用的话，在日本制造就会更便宜。

但是，T 公司的改善举措并非到此就结束了。T 公司现在仍在持续改善中，在技术方面至少领先海外工厂两三步，并不断成长为引领 T 集团的中心工厂。

之后，T 社长逐个将相关公司扭亏为盈，其业绩得到认可，现在已就任上市总公司的社长。而 T 社长的改善精神成了 T 公司的 DNA（遗传因子），即便 T 社长已经离开，依然被传承了下去。

提高收益的原点

T 社长和我对 T 公司所做的改善并没有用什么特别的方法，而只是遵循制造业的原理原则，彻底排除公司内的浪费。

对读者而言，“**排除浪费**”并不是什么新概念。很多社长会说“这个我知道，我公司也已经在做了”。但是，我觉得能从根本上理解“排除浪费”的意义，并付诸实践的人很少。

大部分人都知道今后的时代不可再期待以“量”取胜，不能依靠大量生产来降低成本。

然而，很多社长现在实际在做的依然是以“量”为中心。

以前都是以 1000 为单位进行生产制造，如今则成了以 500、100，甚至 50 为单位。然而，依然有很多人认为 50 也行，一定要这样批量生产。

如今被称为优质企业的公司都是少量生产、直线销售。购买方可以不持有库存，因此“想一直和这样的公司交易”。与此相反，对于分批生产、批量交货的企业，则认为“与这样的公司交易，一直会有库存，早晚得做出改变”，所以会计划合作时期。

不仅是库存，因为是分批生产、批量交货，客户必然要进行分选。这样也会给对方带来负担，让对方蒙受损失。而如果一直没有意识到这一严重情况，“自己不想改变”“以自己为中心让客户改变、适应”的状态一直持续的话，终有一天必定会失去业务。

制造业的原理原则一定是“**以客户为基准，改变自己**”。

的确，目前为止的效率化可以以“量”为中心。参考图 1 可知，表面看上去似乎是数量越增加，浪费就越少，效率就越高。

“量”的效率化 = 浪费 / 数量

【例】假定从青森运苹果，苹果的数量越是增加，按如下算式，运送的效率就越高。但是，如果不能增加分母（数量），那么，只有减少分子（浪费），才能提高效率。

【现状】

$$\textbf{每个运费} = \frac{\text{集装箱运费 5 万日元}}{\text{苹果 1000 个}} = \text{50 日元（每个）}$$

↓ ↓

$$\textbf{效率化} = \frac{\text{集装箱运费 5 万日元}}{\text{苹果 5000 个}} = \text{10 日元（每个）}$$

↓ ↓

$$\textbf{效率化} = \frac{\text{集装箱运费 5 万日元}}{\text{苹果 10000 个}} = \text{5 日元（每个）}$$

图 1 “量”的效率化原则

然而，**“效率化的本质”是“去除浪费”**。今后将正式进入原理原则受到考量的时代。T 社长深切理解了这点。

我们应该知道，即便新商品畅销，也不过是一时的。应该将新商品畅销理解为运气所致，今后，必须建立即便新商品不畅销也不会遭受损失的体制。

也即，建立不用期待畅销品，也可维持公司最低收益的机制。为此，最重要的是建立通过降低成本确保利润的机制。

在顾客需求多样化的时代，即便是新商品，其先行者得益也不过是很短的时期。很少有新商品能长期畅销。但是，商品也不会很快滞销，会在市场持续销售一段时期。总之，在销售期间，如果能持续、逐渐产出利润的话，其利润就会较大。

例如，我曾提供过咨询服务的年销售额 100 亿日元、生产潮流商品的 F 公司，其新产品的利润效果只占了年销售额的 20% ~ 25%，75% ~ 80% 均产出于既存商品。

正所谓有备无患，所以需要强化企业的体质，做到即便只靠既存商品也能产出利润。为此首先需要彻底排除浪费。其次是加入附加价值。

我们经常会有所耳闻，公司的社长率先推进企业体质改善行动，非常期待下一期的年度决算结果，最终却什么也没有改变，只是额外支出了改善活动所需的经费。那么这种改善活动到底目的何在？这是一个现实问题。

TQC 活动也有这样一个问题。看似像节日庆典一般，大家都尝试去做了，然而常常没有收效。这并不是因为 TQC 活动本身有什么不好，而是因为在排除了某个浪费的同时，又增添了别的浪费，所以没有效果。

管理者往往在找到浪费、排除浪费前很振奋，之后却不会加入附加价值（工作）。这样的话，当然永远都不可能盈利。

目标是“一气贯通”

如今，供应链管理（SCM）、业务流程重组（BPR）或订货生产系统（BTO）等，作为经营的革新手法受到追捧。

但这些并不是什么新的方法，其根源也已存在于日本。而且，我可以断言，即便让中小企业引入这些方法，也绝不会有什么好的发展。

越是经营不善、没有实力的企业，就越想“依靠信息系统逃避责任”“自己做不到的让别人去做”“让计算机代替人为管理”。也即，比起磨炼、提高自己，更想坐享其成。这样是不可能让企业变得强大的。

事实上，想将目前得不出结论的课题交由计算机处理并得到答案，是根本不可能的。

曾经有位社长对我说过，“我公司零件的缺货问题一直得不到解决，所以我想引入计算机管理系统”。我随即反问道：“计算机系统能替我们买零件吗？”直截了当地说，对于不前往工作现场、只想抓住计算机不放的人而言，即便给了他计算机，进行了信息化改造，公司现状也不可能有任何改变。

而且，即便是社长，也仍有一部分人未能理解**“信息”**和**“数据”**的差别（关于“信息”和“数据”的差别，将在后面解说）。这样的企业即便购买了价格高昂的计算机，也根本不可能变强。

社长首先需要彻底理解制造业的原理原则。因为，如果不以原理原则为基础，再怎么改变，也不可能盈利。

从结论来讲，体质改善的最终目标是，**人、物、信息无停滞、快速流通的“一气贯通”经营**。其目的是去除库存等浪费，在无法增加数量的时代也能将利润最大化，彻底贯彻“去除浪费”这一原理原则。具体的方法论将在第 3 章之后详述。如果能做到“一气贯通”经营，就可同时实现不增加借款和库存、提高销售额的**现金流经营**。

例如，在本书开头介绍的T社长，只要销售负责人取得订单，就能立即向工厂的生产线发出生产指示。其间不需要任何中介手段。一旦下单，就能立即生产，生产线的终端工作人员进行包装、贴上上门送货标签、装入运往各发货地点的货车。也即，负责组装的工作人员同时负责物流的工作。这样就不需要专门的物流人员了。

根据顾客的不同需求，上门送货的物流公司也有大和运输、日通、佐川急便等不同选择。因此，根据各运输公司的取件时间，由被称为“编组”的人员推着货车前往各工序部门汇总货品，然后统一运到发件地点。所以，只要在规定的发货时间前准备好货品就能不断发货。

这样就消除了以下浪费。即，先大批生产同一商品，再将成品放入仓库，然后按照顾客所需的数量——50个、80个、200个分开包装、发送。

因此T公司的交货期是立即交纳。如果顾客想要明日送达，就可明日送到。以汽车行业为例，事实上几乎没有客户会要求明日前送达1000个零件。不仅是汽车，无论哪种商品，一般都不可能有一次数十万个的交货需求。多品种小批量的短期交货要求是有的，而大批量的短期交货则很少。因此，公司若能做到“一气贯通”，那么就可无库存，百分百地实现客户期望的交货期。

换言之，所谓“一气贯通”是指营业现场、设计现场、工厂现场、销售现场等各部门之间没有其他阻碍介入，各部门之间直接联系的机制（见图2）。而且，这一机制不是零散的部分最高效（各个部门的效率），而是整体最高效（整体的效率）。

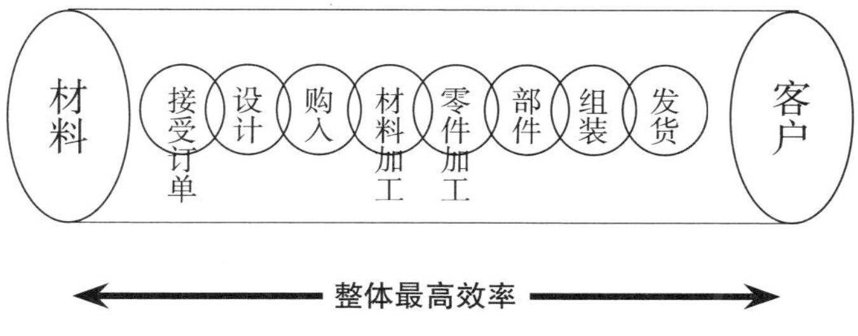

图2　一气贯通经营

简单地讲，就是说营业、技术、采购、生产等部门是个命运共同体，要风雨同舟。

如图 3 所示，如果船上的人员各自向不同方向发力，那么无论再怎么努力，也不可能径直前往目的地。如果营业、技术、采购、生产等组成的整体不以同一频率、同一力量划行的话，船是不可能前行的。也即，今后，部分最高效率是行不通的，重要的是整体最高效率。

只不过，现在的整体最高效率也只是现在这个时点最合适的，绝不是一成不变的。由于客户的要求经常发生变化，所以今日的整体最高效率很可能成为明日的整体最低效率。

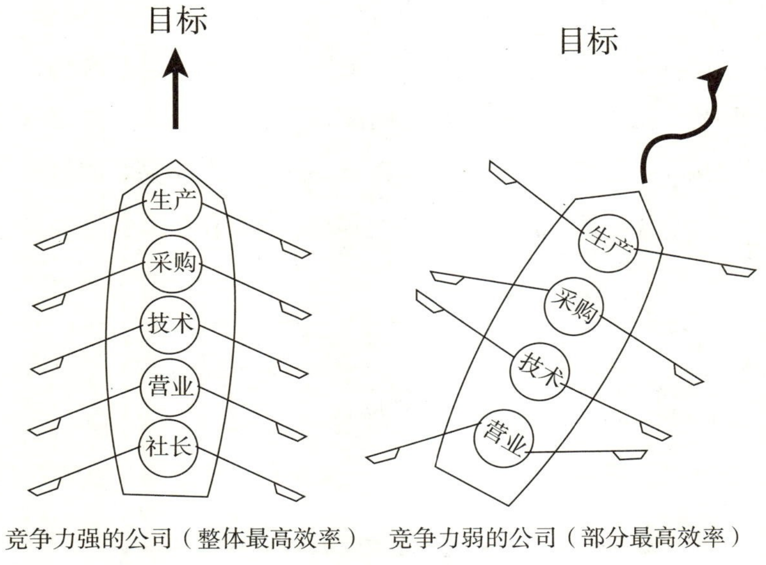

图3　部分最高效率和整体最高效率

社长不做谁做

原本，企业的体质是无法随意改变的，然而很多社长都是在企业成长期什么都不做，只有经营陷入困境了才会采取措施。

与此相反，持续盈利的企业无论是在经营成长期还是经营滑坡期都会严格地进行改善活动，并一直在努力。的确，即使努力经营企业，也仍会有些目标难以达成。但我相信，抓住机会的能力与日常的努力是成正比的。

所以首先应该如“改善没有终点，要永远认为现在是最差的”“改善应每日24小时不间断地进行”所言，持续不断地进行体质改善。关于这点，社长应铭记于心。

说想改善体质，但如果社长自己不想做的话，部下也不会做的。这点毋庸赘言。

委托负责人，以自下而上的管理模式进行的话，是不可能改善体质的。即使抱怨“怎么搞的，我的那些手下不擅长改善，得想办法去做啊”也无济于事。社长自己做不到的，员工当然也不可能做到。

因此，首先是社长遵循**“现场主义”**，用自己的双眼观察船的整体动向、变化，然后迅速做出应对。**从业人员1000名以下的企业社长应该贯彻现场主义，经常亲自前往现场，思考并对浪费进行彻底的排除**。也就是说，社长坚定信念，贯彻现场主义是工厂改革的开始。

此时，社长最关注的是如果突然提出了严峻的课题，员工会否真的会通力合作。

当然，如果仅追求彻底排除浪费这一合理性的话，员工是很难跟着行动的。对社长而言，这是最难的。持续获得成功的很多社长在追求合理性的同时，也非常重视对从业人员、产品、设备的“爱护”。因此，重要的是如何保持“合理性”和“爱护”的平衡。

虽然员工也注意到了以中国为首的亚洲地区的飞速发展等状况，但一旦改善行动波及自身，也会产生抵触情绪。此时，就需要采取一定的强制性态度。

例如，即使部下提出改善活动应安排在工作时间内，也不该轻易采纳。有时需要通宵去做。因为目前是不允许怠惰、偷懒的时代。此时社长对待部下的关键词就是：

不要被憎恨，而要被畏惧

不要责备部下做不到，而要责备不作为

大事晓之以理，小事动之以情

小处对立，大处调和

最重要的是社长要理解部下。

前文提到的 T 社长站着工作并不是什么哗众取宠，而是通过身先士卒的方式，让全体员工持有相同的价值观。持有同样的价值观，就有了凝聚力，公司也会开始急剧改变。

与此相反，如果有企业干部、员工说“这么站着，也不会提高生产率”“这种理论很可笑”“没有意义”等的话，那么表明企业整体没有持有相同的价值观。所以即便是自己的员工，也不可能全都站在自己这边。

认为“我是社长，现场的事情该交给厂长”，或者各部门持有“我是负责质量管理的”“制造是现场的工作”“我是负责技术的”“营业的事，我可不懂”等观点，各自为政，未持有共同的价值观的话，企业是很难在竞争中立于不败之地的，这点大家一定要明白。或许有人认为将人事费降到亚洲平均水平，在日本进行生产制造也是可以维持的。但事实上这是不可能的。

其次，社长在理解现场的基础上，尽量将工作委托给现场员工。

例如，与我相熟的 Y 社长，甚至知道地方上的某个工厂在何处堆放垃圾。Y 公司年销售额 100 亿日元，绝不是个小公司。

Y 社长一直在东京总公司，但对现场的所有情况都很了解。因此，地方上的两个工厂向社长递交报告或采购计划时，社长立即就能做出判断。

但是，对于从下面递交上来的不具可行性的文件，如果回复“全都不行”的话，是无法培养管理层的。因此，有时 Y 社长也会说“好吧，不让其体验下这类失败，他是不会懂的，就当是学习吧”，而让部下去尝试。

像这样，社长要身先士卒，但如果独断专行的话，员工们就都不会提出自己的观点和意见了。重要的是在理解的基础上让员工去尝试。不这样的话，是不可能从本质上改善企业的。这就好比美味不可言表，改善活动也不是社长能以口头或者书面形式传达并完成的、简单的东西。

虽然改善很难，但能盈利

此处先总结一下何谓“无效改善”。

所谓“无效改善”指以下 3 种。

①情况恶化了才开始的改善

②不能培养人才的改善

③自身不改变的改善

首先说明一下第一种，“情况恶化了才开始的改善”。公司不再盈利时，会采取很多权宜之计，如立即削减库存、经费、加班等。但最重要的是要通过改善活动使企业处于不为整个社会经济状况所左右的，制造业应有的状态。

作为社长，应该牢记要彻底排除浪费，提高本公司的制造水平。经常前往工作现场，指挥改善活动。也即，社长应在现场承担探究制造本质的领导一职，这点很重要。

第二种，“不能培养人才的改善”。改善的目的当然是提高收益，但与此同等重要的是员工的教育和培训。社长作为领导，只要对部下不断提出及时的指导，部下自然就能成长。然后，将其培养成该部门的专业人才，就可超出社长的预期标准，成为企业在制造方面的可靠臂膀。当然，所有员工都能胜任其他公司两倍的工作的话，公司一定会盈利。

但如果平时不好好教育培训，等到出现问题，社长才喊着“成本啊”“质量啊”“前置时间啊”的话，站在部下的角度来看，也只能照指示慌忙应付，永远也不可能理解其本质。

也即，要同部下一起通过日常培训教育，彻底追求生产制造的理想状态，探究改善的本质。

第三种，“自身不改变的改善”也是不行的。部下往往是通过社长的一举一动来判断一切问题的。如果看到社长全力改善商品制造现状的话，就能正确理解这对企业经营的重要性。

如果社长不前往现场，只是一味强调结果的话，员工是不可能努力工作的。即使会有一些形式上的改善，但也仅是趋于表面。而这种程度的改善谁都能做到。

高水准的改善不是谁都能做到的、轻而易举的。因此，需要社长和部下根据公司的实际状况，努力思考，并反复实践。也就是说，社长本人最需要通过这种挑战做出改变。

之所以这样说，是因为改善并不像所说的那么简单。为了深刻认识这点，首先来列举下无法进行改善的原因。

·改善，并非如字面上所示的那么简单

· 人才不是通过教育，而是通过训练培养出来的
· 别人教的总会忘记
· 越聪明的人，越能不去尝试就得出结论
· 必须完成对自己而言不利的事
· 谁都不做的事，必须承担风险去做

虽然改善很难，但只要做好，就能盈利。

那么，能在这个严峻的时代存活下去的企业有多少呢？我觉得只能有一半吧。

原因很简单，因为改善不容易。如果能做好改善，就能在竞争中幸存。我认为，能不找借口、真正进行改善的社长有五成左右。因此，能幸存的企业也就只有半数。

总之，为了让企业这艘舰队按照目标运转，必定需要一位司令官。中小企业的话，唯有社长能胜任这一角色，因此希望企业的社长下定决心进行改善。

2《生产制造的革新》的 3 个重要关键词

作为社长，在今后以盈利为方向、对工厂进行革新时，不能忘记 3 个重要关键词。即：

①靠 NO.1 商品盈利的体制

②速度——前置时间为零

③灵活性（Flexibility）

换言之，不以这 3 个关键词为主的改善，不管如何进行，都不可能获得盈利。因此，在讨论革新的具体对策前，笔者要先说明一下这 3 个关键词。

①靠 NO.1 商品盈利的体制

关于商品，首先要推出好的新产品。

但是，公司本身不具实力，就不能生产新商品。

因此，实力不足的公司的第一要务是确立以公司现有的 NO.1 商品获得稳定收益的体制。

现如今，经常会听到“选择”和“集中”这样的词语。必须选择本公司的 NO.1 商品，集中投资，进一步强化公司的强项。

以往是考虑扩大市场。但今后过度扩大市场未必是好事。

在不断上涨的经济状况下，市场本身在不断扩大，所以，占据市场第 3 位、第 4 位份额的商品也能幸存下来。但现如今市场本身在缩小，所以，NO.1 以外的商品自然很难幸存。

此时，分商品计算一下的话，实际盈利的只是其中的一部分商品。剩下的都是些刚够成本线的或者亏损的商品。

简而言之，盈利资源被用作了亏损商品的固定费用。而现在是亏损商品在增加，所以这样的话公司是很难发展的。

然而，经常有这样的事例。在事业部长每过几年就更换一次的大公司，尽管部长知道商品没有盈利，但在自己的任期内无论如何都想维持现状，不想因撤出市场而蒙受损失、影响自己的业绩。

这种情况不仅会出现在大企业，中小企业的社长也会极力拖延会产生争议的决定，直至企业体力消耗殆尽，迫不得已时才会做出决断。这样下去，企业的危险水位会不断上涨，终有一天会面临倒闭的结局。

原本，赚的钱应该用于盈利业务及对将来商品的再投资，或者回馈客户。几年下来，客户会渐渐远离，然后因为无法投资将来的商品，企业也不再有新商品推出，结果导致全盘皆输。那么，那些亏损的业务部门，什么时候能扭亏为盈呢？说实话，情况只会不断恶化。

不仅如此，“如果公司整体是盈利状态的话，即使逐渐衰落，也要极力维持，这样就不至于解决不了员工们的温饱问题”的

“负面逻辑”会在整个公司内蔓延。这是极其危险的。

大型企业在这样的状况下，通常会以事业部为单位分离出这些不赚钱的商品，让其与分公司合并、软着陆，并逐步缩小其规模。也即，将其与分公司合并进行专业化生产。与其无法继续维持，还不如干脆破产。那么，为何要从总公司中分离出去呢？因为如果将总公司卷进来最终导致裁员的话，就会对企业的名声有损。所以，现在被分离出去的事业部是极其危险的。

简而言之，至少要建立能以公司现有的NO.1商品产出利润的体制，为此，如何压缩该商品成本以取得最大利润空间是重点。

社长常会认为“想获得更多的利润，就要提高售价，制造新的商品，高价售出”。这本身并没有什么不对，但是这会被机会因素，即被运气所左右。我也多次强调过，并非所有新商品都能畅销。

十多年前有段时期，被称为“多样化”“脱离主业”的时代。尽管后来涉足其他领域，也有其他竞争力很强的企业在抢占市场。乍一看好像邻家的饭菜香，事实上，钱都不是那么好赚的。

首先要固守自己的城堡，确立主力商品，然后将核心技术的精华部分运用于新商品，这样的思路很重要。

企业本身就是商品

关于商品，还有一点也很重要。那就是，并不是只有制造的产品才是商品。

必须将工厂的生产要素、客户、员工、交易方、物品、设备、技术、作业环境、制造方法、管理方法等都看作商品。也就是说，**企业整体即商品**。制造出的产品是企业这一商品的结果。今后如果没有这样的认识，将不能持续生产出能盈利的商品。

对制造业而言，**“开发”“营业”“生产”原本就是三位一体的**。

新商品只有在这三要素正中间交叉的部分才能产生。即便一时畅销的商品开发获得了成功，也不是公司真正的实力。

因此，为了持续生产盈利商品，不仅仅是现场，营业技术、开发技术等所有部门都必须再一次认真思考企业的核心技术究竟是什么。

由从 2 家公司采购变为集中从 1 家公司

关于采购，从 2 家公司采购的方式今后将逐渐消失。

以前的采购，因为无论哪种商品，质量和价格都差不多，所以往往会以让 2 家公司竞争的方式展开。

然而，随着信息化的发展，制造优质商品的企业也致力于降低成本，性能、质量之高是显而易见的，所以不必特意从 2 家公司采购，购入低劣商品。具有竞争力的商品都是优质产品，所以不如从 1 家购买所有商品。

此外还有一个原因是，今后会有越来越多的系统产品。

以前都是向交易方交纳制造的零部件，然后再由对方自行组装、商品化。今后，向交易方提供符合对方需求的系统产品的方式将越来越多。

简而言之，以前都是零散购入零部件并加以组装，今后将发展为购入一定程度的成品，再进行组装、制造商品。后者更能提高生产率。

因为如果从各处购入零件进行组装的话，十分花费时间和成本。而且，从质量方面来考虑的话，模块制造的产品质量更稳定。

当然，买方会和能满足自己需求的企业联手，从开始一起设计包装，以模块化方式制造商品。

因此，以前提高日本制造业竞争力的主力“系列”产品必然要发生巨大变革。

产量增加的时候，成本的降低也在稳步推进，而当量的增加达到极限时就无法再降低成本了。因此，有必要重新审视以前以“系列”这种形式维持的稳定。

例如，在汽车制造行业，以前几乎所有公司都从5家大型钢板厂商采购钢板。但不管产量多少，都从同等数量的厂家购买钢板的话，产量少的企业就很难降低成本。原本，产量少的汽车产商就该缩减订货方的数量，针对一家公司增加订货量。

但是，目前市场对产品的差别化和低成本都有很高要求，所以筛选订货方是理所当然的。

“系列”这一形态正在瓦解。这种状况很严峻，但反过来考虑的话，也是一种机会。对能廉价提供优质产品的工厂而言，也是增加销售额的机会。

因此，企业能否将 NO.1 产品做强、是否具备不输于其他公司的竞争力变得越来越重要。此外，如果合作的厂家破产了，那么就一定要和强的企业做生意。此时，社长会很难决断。

但是，如果企业本身很强的话，即使厂家破产了，也能与其他公司合作。事实上，某汽车零件制造商由于能廉价提供品质高、性能优良的零件，所以其和丰田合作的同时，还和丰田的对手本田合作。

简而言之，“唯强者幸存”让竞争更加激烈。

②速度——前置时间为零

市场上，所谓速度是指从接到顾客的订单到向顾客交货的时间。

如今，顾客只会从海量商品中选择自己喜欢的商品购买。并不是价格便宜就能卖出去。例如，超市的服装虽然便宜，但销售状况不佳，为此超市方面也在艰苦作战。此外，顾客一旦决定购买就希望马上拿到手。而另一方面，顾客也有不断改变主意的一面。顾客会在时机合适时购买定价合理的商品。这样的话，供应方制造商品的时机就很难把握。

以往是以自己喜欢的制造方式大量生产，然后按照客户的要求发货。也即，经营机制是以持有库存的方式，应对市场的需求，考虑的重心是物流管理。

但是，现在银行的借贷标准发生了变化，资产收益率（ROA）是主要参考指标，这样的话，对企业而言，持有大量库存就有很大风险。

今后，**要在客户有需求时才开始生产，短时间迅速生产、销售，尽快回收货款。无库存，以最少的员工，生产满足顾客需求的优质产品**，这点很重要。

前置时间（从订货至交付客户的时间）一词使用已久，但是，其内容和标准与以前完全不同。这点希望大家有所了解。也即，今后对前置时间的要求非常严格，需要商品从企业到达客户所在市场之间的时间趋近于零。

为了浅显易懂地说明客户和企业之间的关系，可以以某人持枪射击 50 米开外的靶心为例。对于没有持枪经验的人来说，想射中靶心是很困难的。如果无论如何都想射中靶心，那么需要准备数发子弹，因为几乎不可能一发命中。或者是花费巨款购置命中度高的计算机、带有雷达装置的手枪。但是，如果那个人就站在靶的面前，枪口直指靶心射击的话，则射中的概率一定很高。

企业对原材料进行加工、组装并制作成商品，也就是交付给客户有附加价值的商品。

此时，花费“时间”越长，“信息”就越容易有误。因为，耗费“时间”的话，就需要“管理”。也即，现场和现场之间会出现不必要的服务部门。

总之，**“时间”会造成公司内的很多浪费**。如何让前置时间趋近为零，就是指如何消除公司内的浪费。

现如今，每家公司都以“速度”为口号。遗憾的是，很多公司的体制并不是速度型的。某社长说“制造是现场的工作”，还认为间接部门、技术部门与速度无关。但事实上有很大关系。

“数据”“信息”“现实”

信息作为提高公司整体效率的工具，其地位尤其重要。但必须注意的是，不可过度依赖信息。

简单地讲，我们假设信息是一个球。对面有人向你猛力将球（信息）投掷过来，球飞速飞向你这边。虽然你自己也看到球飞过来了，但由于运动神经迟钝，未能及时反应，于是被球击中了。

即便眼睛观察到了，你还是未能躲避，被球击中。虽然有点可笑，但这不过是看见了被击中和没看见被击中的差别而已。“经营在于结果”，所以无论是如何被击中的，都是失败。

因此，如果公司没有实力的话，即便实施了信息化，也不能发挥任何作用。得到了信息，但不能及时、迅速地做出反应，信息再多也只会令公司混乱。

还有一个重点是，“数据”和“信息”是不同的。

“数据”一般是“过去”的东西。“信息”则是“现在”。而“现实”预示着“将来”。

很多人都错误地理解了这三点。当我问及诸多社长“为何不去现场”时，很多人都会回答“因为看数据就知道情况了”。但是，“数据”不过是过去的答案而已。

即使用计算机将现场与现场联系起来，实时观察信息，那也是“现在”。而现在马上就会成为过去。

大部分公司都提出实施信息化，花费人力收集大量过去的数据。即便一些进展较快的公司，也多满足于掌握现在的信息。

然而，对于社长而言，重要的是今后经营数字是向上发展，还是平缓，抑或下降。也即，暂不论今天，明天是比今天好呢？还是坏呢？要掌握这样的方向，也就是分析未来。

为此，社长必须亲自视察现场，了解现实，掌握现在和现实之间的差别。也即，社长必须均衡考虑、观察“数据”“信息”“现实”这三点（见图 4）。

例如，如果有人向公司投诉，A 公司会调查产生问题的商品的以往数据，在公司内采取各种各样的措施。而 B 公司则会立即拜访对方，了解情况。那么，哪个公司会取得好结果呢？显然是 B 公司。

像 A 公司“因为接到投诉时已经是晚上了”“现在就去的话会给对方添麻烦”“先召集大家商量一下”那样，只考虑些多余的事，等到开始处理问题就为时已晚了。

重要的不是通过数据分析投诉的原因，而是前往顾客所在地了解现实情况。简而言之，对实际状况的反应能力不足、不敏锐的话，信息就完全无用，会导致公司整体的效率无法提高。

因此，我认为实力不够的企业还是不要导入信息系统为好。

不如进一步强化硬件设备、培养实力，尽量使用小型管理系统。然后，在无法进一步缩小的时候，再使用计算机工具。这样考虑比较合理。

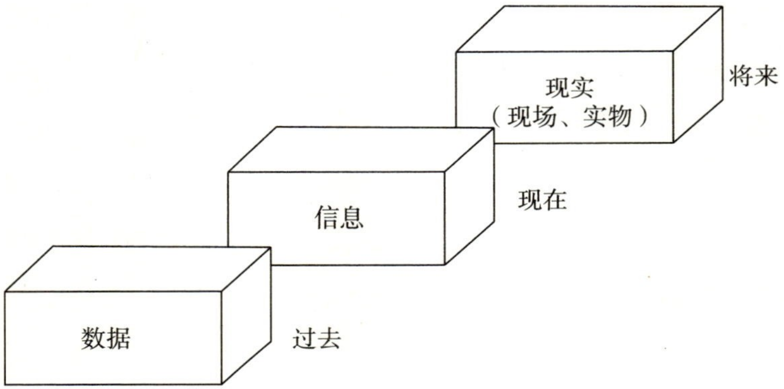

图4　数据、信息和现实

开发周期

此外，在生产新产品时，如果仍以以往的缓慢速度进行，会很难应对市场变化。在不慌不忙地进行市场调查的时候，产品已变得难以销售了。

例如，汽车的新商品开发比以前大幅缩短了周期。

以前新车的试制1号车，从策划开始要花费3～4年的时间。现在只需要1年。而且，1号车在试运行后会被立即拆卸，通过1号车验证出的问题将在2号车予以解决。如此不断地实验。试制的数量也比以前减少了。

大部分试制的车都是人工制造，一台大众车型的成本是2000万日元，一台高端车型是4000万日元。

现在即便花费很多的时间和成本去销售新车，也不可能像过去那样容易了。开发在过去拥有时间和成本的优势，今后就不再具备这种优势了。

开发设计、生产设计、量产计划等也不再像过去那样各自分散进行，而是需要各部门同时、整体运作，否则经营就难以维系。

而且，更重要的，从根本上支持开发的是向市场稳定地提供新产品的“生产力”。

也即，生产力弱的企业原本就不可能有投资新产品的富余资金。而且，无论企划和方案具有多么划时代的意义，没有相应的生产技术的话，也是不可能制作成型的。

在今后的开发中，还有一点很重要，即零件的标准化，单元、组件的开发。如前文所述，今后，以零件的标准化、单元化、组件化的方式提高生产率的趋势会愈加明显。

在此简单说明一下，单元和组件的区别是构成单位大小的不同。组件比单元更大。以汽车驾驶座为例，制作成的单个仪表部分称为仪表单元。更大的仪表盘、方向盘，也就是座位前面的所有一体化的东西被称为前置仪表盘组件。

适合制造的组织

那么，什么样的组织能提高效率呢？事业部体制曾作为高效组织一度引起过关注。

所谓事业部体制，是以商品群为单位建立的组织。各个商品群单位均拥有从营业至开发的所有部门，与市场直接相关联，有效发挥能力，作为进攻的战略部队，各事业部的部长一声令下即可达到最高效率。

而如今，各事业部中的开发、营业、生产之间的层级变得过多，产生了宛如动脉硬化的弊端。而且，各事业部之间的壁垒太高，难以应对市场变化。

一般而言，事业部体制易于作战，但其最大的缺点是不擅长教育培训。原本，企业有制造技术、开发技术、管理技术、营业技术等各种技术，但是研发新技术、培养潜在能力是事业部体制的弱项。

而以社长为中心的树型结构、金字塔式架构会产生很多浪费，镇纸型的扁平化组织结构曾盛行一时。所谓扁平化体制是指不设部长、课长，以在一位领导之下全员一起工作的模式而建立的组织架构。的确，若扁平化组织的每个人都具备相应的能力的话，战略性会很高。

但这样的组织架构也不擅长教育培训。因为，一位管理者事实上不可能教育培训数十名部下。由于周围的同事都是横向关系，所以也会遇到由谁负责教育培训新职员的问题。

但是，日本制造业的代表——丰田汽车的所有组织都是扁平型的。只有制造现场是金字塔型的。由此可以想象，制造现场的大部分技术必须由管理者手把手教给下一任。

因此，社长首先必须考虑建立这样的组织，以在高效应对市场的同时，教授技术。

结论就是：如果不是金字塔般的树型构造的话，从长远来看，是不可能培养出创造附加价值的人才，也不可能研发出新技术的。

我曾数次受邀前往韩国的工厂进行指导，那里有工作人员若无其事地说“技术就是仿制力”。

在指导之初，他们说想先去日本的工厂参观。我们（改善顾问股份有限公司）在日本提供过指导咨询服务的企业约有 300 家，那些工厂都是视觉化管理，生产线等都是一目了然的。原本这些工厂都是不让参观的，但也有工厂同意了。

所谓仿制，是只能更改既已成形的东西。这样的话，就不能制造出真正意义上的新产品，如果只是仿制，就不需要技术人员了。

遗憾的是，如今在日本，不理解这个意思的人变多了。

为什么不理解呢？因为大家认为即使花费时间去做也赚不

了钱。即，他们想靠能立即赚钱的商品赚钱，不想付出其他努力。但是，这些努力绝不是白费的。日本制造之所以有今天，是前人不断努力的结果，如果无视这些，只关注眼前的利益，是不可能做出好商品的。

例如，在某个工厂，我问现场的工作人员："为什么用这种石油？"他理所当然地回答道："因为一直在用这个。"再问："这是谁的决定？""不知道。"真是低水准的回答。

前人在选择石油种类时，会进行表面处理方法等的实验，如果找不到现成的适合的石油，就会找厂家配制、生产，深入探究。而如今，几乎都是仿制。原本所需的要素技术为何物已被忘记。

因为现在只是在用前人使用过的技术，所以即使用词语表述为原理、原则、原点，但这一原点本身也是仿制的，所以根本不可能发明新的技术。

而且，技术和"技能"是相辅相成的。新技术能否成立靠的是验证技师的支持。

③灵活性（Flexibility）

最后还有一点很重要，即今后社长要灵活运营组织。

此处所说的灵活性，请理解为诸如"魔芋""豆腐"等物体的柔软性。

那么，这究竟指什么呢？今后的企业，比起"**遵守规则的**

能力”，更需强化的是“**改变规则的能力**”。

总之，一旦在公司内设定了规则，必然会有像警察部队一般严守规则的部门，将此作为既得权益。

如前所述，开发、营业、生产的整体最高效率是指现在这个时点的最高效率，绝不是一成不变的。因此，我才提出“改善无终结”。如果遵守规则的能力超越了改变规则的能力，必然会带来困扰。

随着客户的变化，组织、人、制造等也必须做出改变。然后，形成新的规则，在这个规则适用的时期，予以遵守。之后，客户又发生变化，整个公司也要随之改变。如果不能如此反复，那么就不能称为盈利体制。

例如，在我抱有极大疑问的ISO9000的运用方法中，就包含让公司僵化的“必不可少的恶”的一面。实际上，很多公司将ISO看作既得利益，增加了大量不必要的工作。

这样的公司想当然地认为“改变规则的话，就必须更改ISO的规定，更改手续非常麻烦，所以就不改了”。但是，当问及有多少盈利时，就又另当别论了。

说起来，“不改变规则”或者“浪费”本身都让人感觉轻松。

如果对“浪费”放任不管的话，就会形成既得利益，然后变得不能正确识别“浪费”。

相反，“改变规则”需要体力。今后将会不断“变化”，所以认为通过“管理”可以“变化”的想法是错误的。对于“变化”，不能靠管理，而应以“反应能力”来应对。

也可以说，越是不擅变化的企业越是“管理强化型”的，越是擅长变化的企业则越是“不管理型”的。

从“管理”到“不管理”

图 5 用一些关键词总结归纳了“变化”和“管理”。

管理这一工作本身是完全不会产生附加价值的。之所以需要管理是因为工作开展不顺。因此，比起进行好的管理，不管理也能顺利开展工作更好。

例如，很多社长认为生产管理只有用好的计算机系统才能做好。但这是完全错误的。让员工、现场的工作人员把生产管理做好才是正确的。

很多公司都由生产管理专员制订生产计划，然后以此为基准进行生产。但很少有生产管理人员精通实际的现场工作。

他们做的不过是将产品分派给各个工程，然后决定每日的产量。而且，那也不过是标准而已，实际的生产现场要在综合当日的出勤状况、零部件的配备状况或者突发的订单处理等的基础上，进行与计划有很大出入的制造。

在这些实际情况的基础上，重新思考生产管理的意义时，会发现实际上并不需要生产管理。直接向生产现场提出生产要求，让最了解生产的人制订生产计划是最好的。

以上讨论了工厂革新的 3 个关键词。从下一章开始，将以这3个关键词为基础，讨论社长必须思考、实行的具体内容，以进一步实现一气贯通式经营。

（擅长应对变化）		（不擅变化）
不管理	⇔	管理
专业人士	⇔	多面手
自上而下	⇔	自下而上
体制强化	⇔	管理强化
实物主义	⇔	信息主义
数据用于采取对策	⇔	数据用于管理
视觉化管理	⇔	数据化管理
自动调节	⇔	通过管理抽取问题点
智慧中心	⇔	知识中心
非常规	⇔	常规
重视结果	⇔	重视规则

图5 “变化”和“管理”

第 2 章

制造的“7 个革新”

本章将逐一解说为建立一气贯通的组织架构必不可少的重要项目。笔者将其具体对策记为“革新要点”。首先，7个重要项目如下。

①从产品导向到市场导向

②将负责人说“库存不能再减少”时的数量再减少50%

③以多品种小批生产的方式进一步产出利润

④不要为了扩大规模而进行设备投资

⑤小型化（战略性规模缩小）

⑥社长的视觉化管理

⑦学习丰田生产方式的本质

【制造的革新 1】从产品导向到市场导向

在工厂革新时，首先必须重视“从产品导向到市场导向”这一时代趋势的变化。

这两个相对立的概念，并不是什么新鲜词。遗憾的是，现在这两个概念还没有得到很好的理解。

原因之一是这两个词语本身很难。“产品导向（product out）”“市场导向（market in）”与“市场营销（marketing）”“运筹学（operations research）”等一样，很难用日语表述，所以只能从语感体会其意思。但是，这两个词很重要，所以请务必深入理解。

首先，“产品导向”是指企业无视市场消费者的需求，仅通过本公司的自行判断制造、销售商品。简单地讲，**“产品导向”是生产方掌握主导权、制造商品。也即生产方按自己的方式制造**。

其次，“市场导向”是指依据五适原则（适质、适价、适时、适量、适地）提供满足消费者需求的商品和服务。

因此，“从产品导向到市场导向”可以说是“从如何销售制造的商品到如何制造畅销商品”的转变。

从当今日本经济的整体来看，几乎所有的领域都存在供给过剩。除了个别时期以外，供给都超过了需求。也就是说，这样的供给过剩的时代在持续着。因此，实际上几乎所有的企业都还在采用“产品导向”的方式。即，很多公司现在仍然进行着与市场无关的生产。这是不可能盈利的。

在过去经济高速发展的时期，“制造优质产品必然能畅销”的少品种大批生产方式（产品导向）可以通过大量制造来降低成本，以库存的方式应对市场需求。

也即，尽管过去的制造有很多浪费，但是因为量大，所以也能有所盈利。

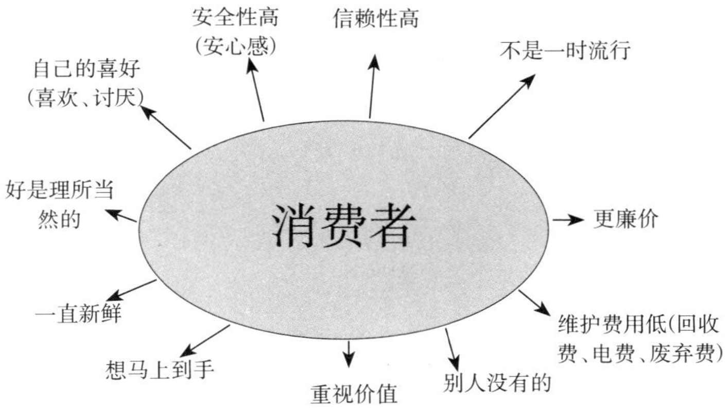

图6　多样化的消费者需求(市场导向)

在供过于求的通货紧缩期，为了满足如图6所示的多样化的消费者需求，如果不以严格的制造方式，即多品种少批量型（市场导向）且不增加库存的方式进行生产的话，公司就无法盈利。

由于工作关系，我和很多制造厂商的社长见过面，交谈时，他们都会不断谈及“市场导向”，但实际去工厂一看，却完全不是“市场导向”的生产方式，大部分都还是“产品导向”型的。

请参考图7“非营利企业的恶性循环”。

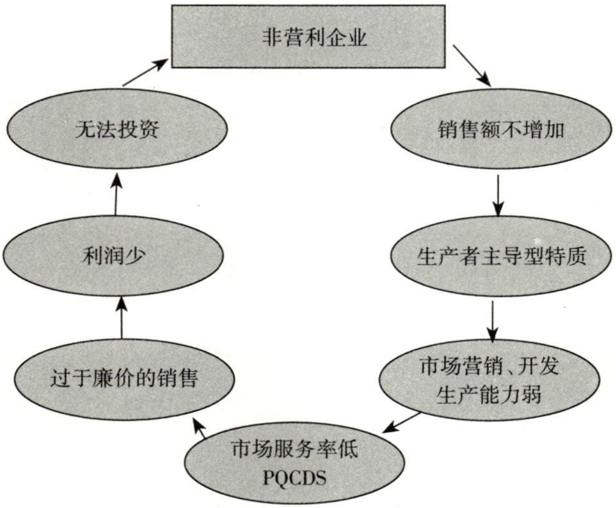

图7　非营利企业的恶性循环

一般而言，“产品导向”型的企业的市场营销和开发生产能力较低，所以市场服务率，即消费者服务率较低。

图下方的“PQCDS”中的“P”是品种应对力（product）、“Q”是质量应对力（quality）、“C”是成本应对力（cost）、“D”是交货应对力（delivery）、“S”是安全应对力（safety）。

在这些方面弱的企业会自行决定、制造商品，即采取产品导向的经营法，所以必须销售所制造的产品。而让廉价制造的商品在市场上以更为便宜的价格销售的结果是，几乎不能产生利润。

所以也不可能对员工、开发、市场营销、生产等进行投资。然后，因为赚不了钱而陷入恶性循环。

时代正进一步由“市场导向”的“市场本位”向“资源本位”转移。

简单来讲，所谓资源本位社会，是指以地球规模来考虑的话，人类也是自然的一部分，以前仅以当代人类为中心的想法已不被容许。因此，以后不能仅考虑满足消费者的需求，而要考虑不消耗资源的制造方式、供给方式。

本书以“市场导向”为重点，对于资源本位社会不做深度探究。

成本和售价

随着时代“由产品导向向市场导向”的转变，制造业的“利润思考方式”也发生了变化。

“产品导向”的时代，即生产者主导时代的“利润思考方式”是：

售价 = 成本 + 利润

进入了“市场导向”的时代，则是：

利润 = 售价 - 成本

这两个算式的区别具有重要的意义。请参考图 8 仔细思考。

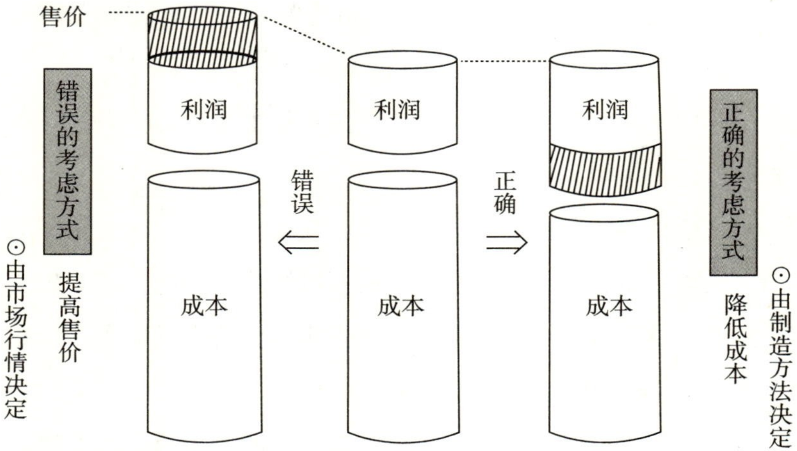

图8　成本和售价

处于经济高速发展期的日本，在阻止大型店铺发展的同时，生产方建立批发商、零售商体系，实行包括建议零售价格制、回扣制在内的交易方式，生产方能决定、维持商品的价格。

然而，到了 20 世纪 80 年代，消费者需求的多样化、飞速的技术革新使得商品寿命缩短，再加上流通限制的缓和，量贩店和折扣店的发展，零售店之间竞争的激化，亚洲各国的高品质、低价格商品的进口等，使得日本必须重新审视整个流通体系。

90年代，作为重新审视整个流通体系的一环，自由定价正式开始了。

所谓自由定价是指不再标示建议零售价格。即商品价格不再由生产方决定，而是由市场决定。

自由定价的对象不仅限于家电产品，也迅速扩大到了食品、服装、日用杂货等领域。今后其对象范围还会不断扩大。

事实上，即便生产方决定了价格，也会在流通过程中被大幅降低。所以，建议零售价格的设定没有意义。而且，价格被大幅降低后，顾客对公司和商品的印象也会大打折扣，所以还不如一开始就不要定价。

如果生产方不能决定价格，那么就必须有以低价产生利润的成本构造。正所谓“从产品导向到市场导向”，必须改变企业的架构。

今后的“利润思考方式”必须是：

利润 =（售价 – 成本）+ α

+ α 是指卓越的高品质、短交货期、绝对低价格等代表与其他公司的差距的附加价值。

在今后的严峻时代，如果以单纯计算的方式生产与其他公司相同的产品，则很难产生利润。也即，比起其他公司，如果不能在某个方面 + α 、胜人一筹的话，就不可能在竞争中胜出，时代需要的是更强的制造。

革新 1 的要点：

- 在供大于求的时代，以原有的方式进行制造是不行的
- 利润 =（售价 – 成本）+ α
- 不是“定低价”，而是低价制造
- 不是“坐等渔利”，而是“以制造去盈利”

【制造的革新 2】将负责人说“库存不能再减少”时的数量再减少 50%

至今为止，我考察过很多工厂。首先可从库存判断该企业的实力。

什么意思呢？笔者将结合图 9 和图 10，予以说明。

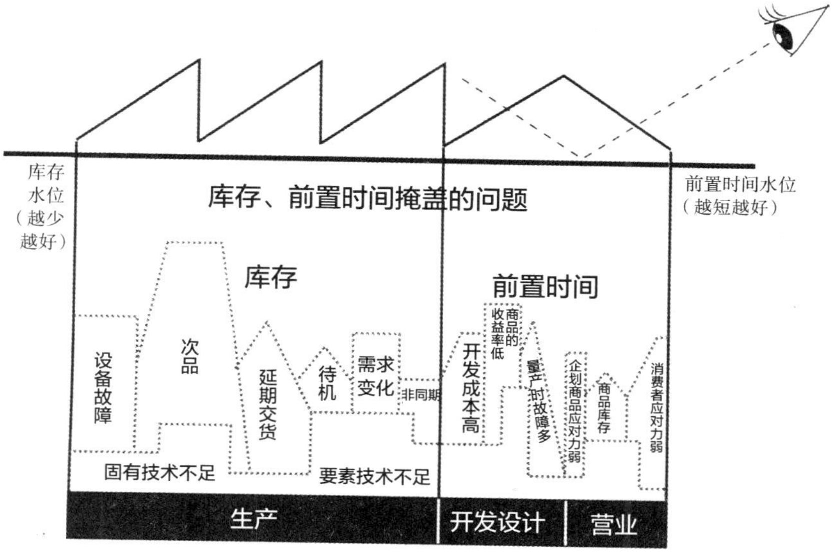

图9　公司的本质问题被库存、前置时间掩盖的状态

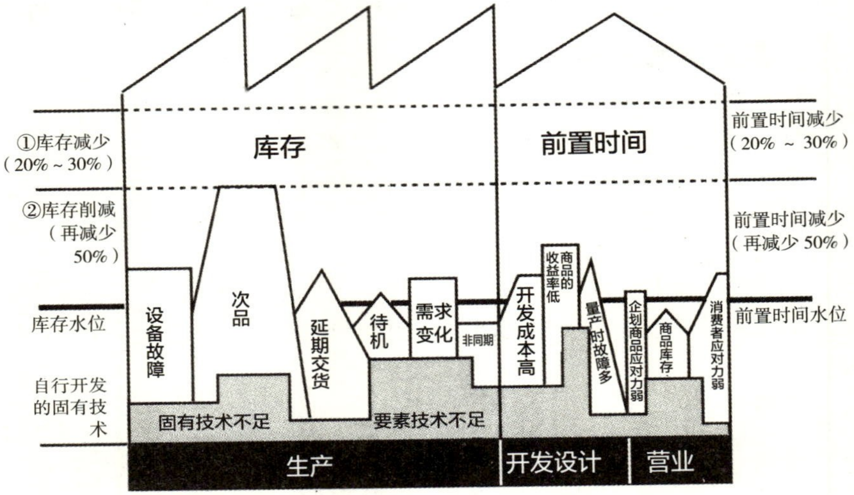

图 10　公司的本质问题暴露的状态

如图 9 所示，首先请设想包括工厂在内的公司整体拥有过多的“库存量”和“较长的前置时间”。顺便提一下，“库存量”和“前置时间的长短”显示了公司的实力。

此处以水位来表示“库存量”和“前置时间的长短”。若由上至下观察公司整体的话，过多的“库存量”和“较长的前置时间”会掩盖所有问题。乍一看，企业没有任何问题，很正常。实际上，公司的本质问题全都隐藏在了水面之下。

即便出现一些次品或缺货情况，也因为有大量库存，可以用仓库或货架上的存货予以弥补。

管理人员往往因为不想给消费者带来麻烦而倾向于持有大量库存。

因为那样更轻松。但是，他们没有考虑到库存量由谁来负责。当然，这部分的库存靠的是公司筹措、周转资金。

接下来，请参考图 10。随着水位降低，即库存量的减少，以次品为代表的延期交货、设备故障等问题就显现了。这些是由于库存较少而暴露的公司的各种各样的问题。

例如，“库存量”和“前置时间的长短”的水位线低至次品的最高临界值时，随着次品问题的出现，马上会出现缺货问题。如果水位低至设备故障的最高临界值，那么设备一旦出现问题，也就会立即产生缺货问题。

图 9 中，不管是出现次品问题，还是设备故障、需求变化，因为库存有很多，所以都能够应对消费者需求。看似没有任何问题，其实这才是大问题。

现如今，资金筹措也不再那么容易了，所以无论是哪家公司，社长都被要求“减少库存”。然而，一般而言，能立即减少的也不过是 20% ~ 30%。以图 10 来看，就是①的部分。

实际上，几乎所有企业减少的库存都只是维持在 20% ~ 30%。因此，很多社长误认为“减少库存只能对利息产生一定作用而已”。

的确，将库存减少的量维持在 20% ~ 30% 的话，其效果不过是得到些利息而已。但是，如果再大幅降低库存量的水位，暴露出各类问题，就可以通过解决该问题而建立减少库存并能加以维持的体系。这样一来，就不仅能产生利息，公司整体的机制也会开始改变。

然后，机制的差别会转化为公司的实力。实际上，库存与利润直接相关也是从这个时候开始的。

即使减少了 30% 左右的库存，但因为这部分能轻易减少，必然也能轻易增加，所以将管理监督者所说的“不能再减少库存了”时的数量“再减少 50%”，才是社长应采取的正确方针。这就是图 10 中的②的削减标准。

由于是在要求彻底减少之后再减少 50%，所以对于负责人而言是个难题。因为，如果不改变本质，就不可能再减少库存。

但依我看，也并不是那么难。实际运用正确的方法去做的话，就能减少库存。具体方法后续会有介绍。随着库存的不断减少，会碰到固有技术和要素技术不足的问题，这是比较难的。

此时，企业的技术就不够用了。可以说，在这个层面上努力的企业才是优良企业。从这阶段开始才可以说进入了真正的改善。

生产率和库存

今后无论怎么提高生产率，成本也不会下降。

那么，怎么做才能降低成本呢？在提高生产率的同时削减库存的话，就可降低成本。与此相反，生产率有所提高，但库存有所增加的企业，其成本必然会上涨。

经常会有这样的情况。工厂的某一部分实现了自动化，提高了该部分的生产率。但此时提高生产率意味着这部分使用的原材料一下子用完了。所以，就需要准备大量该部分的原材料。因此，部分工程的生产率提高，看似能实现廉价制造了，但由于后续工程难以跟上，所以库存仍会显著增加。

也就是说，因为并没有以全体最高效率提高生产率，所以导致公司经常持有生产用的库存及生产后的库存，成本没有下降反而上涨了。而且，一般而言，销售额减少的话，库存也会增加。

成本降低 = 生产率提高 × 库存减少

○（最佳）↗（生产率提高）↗（库存减少）

△（尚可）↗（生产率提高）→（库存横向波动）

×（不行）↗（生产率提高）↘（库存增加）

×（不行）↘（生产率下降）↗（库存减少）

图11　生产率和库存

如图 11 所示，尚可的是“生产率提高，库存横向波动”。这种情况稍稍有利于降低成本。不行的是“生产率下降，库存减少”的状况和“生产率提高，库存增加”的状况。这些都只会导致成本上涨。

不管怎样，今后市场要求的“成本降低”并不是能轻易做到的。

最好的情况是“生产率越高，库存越少”，“销售额不断增加，库存不断减少”。这样的话，成本就能实实在在地下降。

由于流动资产的部分库存变为现金，企业资金就会增加，现金流变得顺畅。于是，向银行贷款的企业就能返还借款，该部分的利息负担也没有了，其结果是成本的降低。

所以，**生产率提高和库存减少是一样的。工厂中为提高效率而去除浪费的指标是“库存”。**

因此，社长前往工厂必须特别关注“库存”。

首先视察成品仓库的库存，然后回到生产线上游，继续视察库存。这样的话，问题点就会一目了然。只是，在整个工厂的库存零散堆放，各工程能力不明的状态下，即使社长前往视察，也完全不可能弄清原因所在。

为了厘清问题点，首先需要做好 5S（整理、整顿、清扫、清洁、素养）的前提条件——“表面化”工作，必须从暴露的问题点开始着手。关于“表面化”后续会有详细说明，这是 5S 的起点。做好这个才能根据制造改变库存的存放场所、数量等，才能改变各种东西。关于这点之后也会依次解说。在此先说明一点，5S 的起点绝不是清扫。

间接部门的效率化

间接部门效率化的指标是“前置时间”。

例如，接到订单后几日能发出生产指令？令设计进行修改后，几日能返回？在设计中加入消费者需求需几日能完成？如果以前需要1周的话，那么现在必须3日完成。

例如，生产指示下得快的公司要1～2日，慢的公司则需要1个月。慢的公司的负责人有时会辩解，“即使早下达生产指示，现场也无法马上生产”。我会回答，“如果说结果是一样的，那就请及早下达指示”。实际上，恰恰是如此辩解的人不能早下达生产指示。

经常有这样的情况。现场的工作人员说“做不了”的，或者该做的不做，却说“我的做法反倒更快捷”之类的，其实很多都只是不想改变自己的做法而已。

然而，“做不了”是因为不改变自己的做法，如果改变的话，就很容易做。

因为自己无法完成，所以优先考虑自己，而不是顾客。这就犯了大错。

回到之前的例子，“即使早下达生产指示，现场也无法马上生产，反正结果是一样的，所以想在自己这边多花点时间酝酿，做一个更完善的计划书”。

如果对这样的状态放任不管的话，公司内的浪费就会不断增加，前置时间也会延长。

原本，工厂效率化的指标也是“前置时间”。但是，在兼职钟点工占多数的工作现场，即便提“前置时间”，员工也难以理解。因此，可以把“库存”作为工厂工作人员效率化的指标。

当然，库存减少就意味着产品制造无停滞地顺畅进行，所以前置时间也会缩短。

革新 2 的要点：

●大幅减少库存，暴露问题点

●成本降低需要在提高生产率的同时削减库存

●销售额、利润、库存、贷款等都增加的机制是不行的

●工厂效率化的指标是“库存”，间接部门的指标是“前置时间”

【制造的革新3】以多品种小批生产的方式进一步产出利润

除日本以外的亚洲地区，制造工厂的人工费是日本的1/25，这对日本造成了威胁。而且与以往不同，制造技术大幅提高，质量也绝不比日本差。在这样的形势下，日本的制造业胜出亚洲其他各国的关键词有2个。那就是：

①以中国为首的亚洲工厂做不了的

②以中国为首的亚洲没有的

关于①，亚洲的工厂几乎都是大批生产，还不能进行多品种小批生产。因此，除日本以外的亚洲其他国家还难以快速设计、生产、销售可以应对变化激烈的市场的产品。这是日本工厂制胜的关键点。

相反，本质部分无须变更设计，无需新的技术，而且能长期在市场销售的商品，则可以在除日本以外的亚洲其他国家制造。

此外，关于②，亚洲的很多工厂都仿制日本的产品。所以，日本有的东西是能制造的，没有的就没法制造。

因此，日本制造厂商胜出的关键是，要么拥有不可被简单复制的技术知识，要么自主制造市场上购买不到的精良设备。

①和②都是这样的，总之，不能与亚洲其他国家在同一标

准上作战。如果是同一标准，日本必然会败给以日本几十分之一的人工费、基础设施进行制造的亚洲其他地区。

因此，①的要点是“以多品种小批生产的方式进一步产出利润”。即，如同大批量制造同一种类的商品一样，廉价、迅速制造出各种不同的商品。

如果制作方法有很多，工作人员很难进行精确的商品制造的话，就进行彻底的作业训练，让其掌握各种要领，或者制作工具，将作业简单化。此外，关于原材料和零件的购买方法等，应认真考虑购买方法、设计变更等，看看是否有与大批量采购相同的方法。

关于制造方法，尽量不要有搬运、等待、挑选等不产生附加价值的无效作业，而应进行一旦开始就不间断、一直做到最后的流程作业。关于这点，将从本书第 5 章开始解说。

此外还有一点是，构筑绝不制造多余之物的体系架构。

例如，需要生产某商品 200 个，就准备好以 10 个人制造 200 个商品的生产线。

进行了各种改善后，10 个人能生产 250 个。如果因此就欣欣然，以为生产效率提高了 25%，那就错了。这是“以量为标准的表面效率”，不过是多生产了 50 个产品而已。用 7 个人生产 200 个才是真正的改善，这可以说是“与量无关的真正效率”。

以较少的员工制造必要的生产数量，可以降低人工费。这也是以多品种小批生产的方式进一步产出利润的要点。具体方法后续会有详细说明。

从备货型生产到订货型生产

无论哪个行业，今后都该实行订货生产。

备货型生产行不通了。备货型生产在销售不顺时造成的损失让人害怕，所以绝不能进行备货型生产。应该用较短时间生产出一定能畅销的商品，然后在市场上销售，并快速回收货款，这才是正道。

然而，如果由于预期销售期估算有误，错过了生产的最佳时机，难以应对需求，或者订单一下子太多，成品不够而使得交易难以成立（这样的状况在各业界屡有发生），此时不该以做不到为借口而什么都不做，应该努力做到订货型生产。这点很重要。

如果“接到订单后再制造”有困难，则可以尽量逼近销售期再生产。即便是“库存不够交易难以成立”，也不可以持有成品库存，而应尽量在接近原材料的地方持有库存。

即，重要的是在接近供应链上游的地方持有库存。这样一来，即便是同等数量的库存，由于其场所不同，对经营产生的影响也会有很大不同。

此外，因为难以做到均衡化，所以经常会听到以库存应对的建议，但是，均衡化（第5章详述）不是营业部门能做的。营业部门不可能改变市场的买方。

因此，对于经常变化的市场动态，改变现场、改变设计、改变材料、改变信息的提供方式，就是做到了均衡生产。

革新 3 的要点：

●不依靠数量降低成本

●一旦开始就不间断地制造

●尽量接近销售期再生产必要的数量

●在上游处持有库存

●均衡化不是由营业部门来做，而由制造能力决定

【制造的革新 4】不要为了扩大规模而进行设备投资

只要生产出来就能销售出去的时代，即产品导向的时代已经远去。如今是彻底的“市场导向”时代，对生产制造提出了严格的标准，即只生产能销售出去的数量，而且要快速、廉价、准时。

在这样的发展趋势下，最重要的是设备的生产制造能力是否符合市场的发展方向。随着销售额的增加，设备能力会越发显得不足。此时，何时进行设备投资就决定了公司是稳定且进一步发展，还是破产倒闭。

在泡沫经济时期，有很多公司进行了过度的设备投资，导致资金周转困难进而倒闭。为了不再重蹈覆辙，希望各企业社长能以以下方式进行设备投资。

即，不要一开始就使用资金，不要依靠他人，要拥有依靠自己的智慧和能力提升设备能力的坚定意志。然后，再开展力所能及的改善活动。只有到了无法再进一步改善时，才能开始考虑并决策是否进行设备投资。

即便以下问题的回答都是“yes”，也应该进一步考虑现有设备的速度提升及与其他通用设备的组合搭配等方案。

· 现有设备是否得到了 100% 的有效利用

- **设备自身的能力不能再提高了吗**
- **劳动效率高吗**
- **次品率低吗**
- **调试时间短吗**
- **晚上机器也在运转吗**

此时重要的是完全发挥设备拥有的潜在能力。如果即便如此还是难以应对生产计划，那么就该考虑设备投资了。

但由于设备被充分改善后，生产能力比以前提高了，之前生产能力不足的部分也会有所减少。这样，必要的投资额也会减少。

如果不按照这一思路去做，而是一听到现场来不及生产，希望购买新设备的请求，就立即花钱购买设备的话，虽然产量会增加，与此同时借款、固定费用、库存量、员工人数也都会相应增加。

一旦将资金花在改善活动上，就会变成无底洞。而且，不用智慧而使用金钱的话，是不会有好的改善效果的。轻易委托外部的设备商、立即购入通用器械的话，资金就会从公司外流，外部企业的盈利就会是公司的亏损，这样的情况屡见不鲜。

而且，为了应对激烈的市场变化，今后的设备必须是具有高运转性的。

例如，我提供过咨询服务的一家汽车生产厂商，以前组建了大型生产线，将用于点焊的自动装置作为固定设备使用。但现在，每年的生产高峰不过6个月而已。高峰期过了，生产就会减少，自动装置当然就会闲置。

该厂家想要提高自动装置的使用效率。但由于一开始就将该自动装置固定在了生产线内，所以不能简单拆除。厂家不甘心，又委托我进行了改善。现在，这个自动装置被放在铁机床上，且为了让自动装置的机械臂还可以做别的工作，将一只机械臂改至两只机械臂，无论何时何地，都能运转做相应的工作。

下页展示了第一章列举的T社长制定的“设备导入的11条基本原则”，体现了T社长不轻易导入设备的理念。

将设备归为变动费用

如果像以前一样，因为生产所需，就轻易地导入设备、增加员工数的话，固定费用的负担就会增加，利润率会下降。而且，如果刚购入设备订单就减少，结果又会如何呢？答案非常明显。

以最少的员工数生产必要的数量，由此将人工费归为变动费用。但若将人工费、材料费归为变动费用，而将设备归为固定费用的话，还是会增加成本。所以，请将设备也归为变动费用。否则是不可能以多品种小批量的生产方式获得利润的。

设备导入的 11 条基本原则（T 社）

1. 规定数量下的确能盈利的设备
2. 不是成批处理型，而是逐个、连续处理型的设备
3. 可挪作他用的设备
4. 在一项加工完成后，能自行检查的设备
5. 易于运转和维护的设备
6. 无论何时都能运转的设备
7. 带自主清洁功能的设备
8. 以站立作业为前提的设备
9. 能清点处理数量、次品数量的设备
10. 能以在预定的作业周期范围内的处理速度运转的设备
11. 作为生产线设计的设备

说起来，如果认为制造就是用机械设备制造的话，就大错特错了。制造是由人进行的。特别是社长的想法，更是生产制造的核心。并非购买设备来进行制造，而是为了制造产品自己设计，或者改造设备。只有在无论怎么努力也难以完成生产任务时，才可以选择购买。这才是正确的思路。

前文也有谈及，用一般市面上可以买到的设备进行生产的话，日本是不可能胜过亚洲其他国家的。毋庸赘言，除日本以外的亚洲其他国家的工厂经营者只要花钱就能买到在日本销售

的机械设备。

因此，设备的价值不是由其大小和价格决定的。而是如何拥有其他公司难以仿制的设备。

例如，即使是大型机械加工中心，也仅是对原材料和刀刃接触的一个点进行加工的。这么说来，只要排列好自行开发的普通车床，将简单的取出作业自动化的话，一名员工就能与夸张的机械加工中心一样，完成完全相同的加工作业。而且完全可以用同样的、甚至更高的效率达成目的。所以，请回到原点，重新思考“加工是什么”。

的确，不进行投资也有可能剥夺未来发展的可能性，但即便是同样的投资，也会因对投资的不同想法而产生迥异的结果。

所以，**投资必须能带来质的而不是量的改善**。从企业的发展方向开始慎重研究，只有企业的体质确实会有所强化，才可进行投资。不可将“膨胀”和“成长”相混淆。

最后，在将人的作业机械化、自动化时，其关键是**切忌将无用的工作机械化、自动化**。但遗憾的是，大部分公司都将无用的工作自动化了。只有在通过改善彻底消除浪费后，再进行机械化、自动化，才能有好的效果。

量产时期的机械化、自动化技术是以单一品目的连续、长期生产为前提的，所以加工工程、装配生产线等小流程中的量化生产、效率生产做得很好。但这不过是部分最高效率而已，不是整体最高效率。

本书多次强调，今后必须以没有库存的、整体最高效率的制造为目标。而且，由于时代的变化速度加快，所以应以“世事常变化”为思考的前提，考虑机械化、自动化。

革新 4 的要点：

●不要因为需求增加就立即购买设备

●设备会因做法不同而变化，所以应选购挪用性高的

●人、物、设备的最高效率、最少化

●成长和膨胀有很大区别

●如果布置普通车床就可以完成的话，就不必导入加工中心、自动装置

●不可将无用工作机械化、自动化

【制造的革新 5】小型化（战略性规模缩小）

两家公司在生产同样数量的某个商品，那么该如何判断哪家更能盈利呢？

答案很简单，如果产出相同，那么投入少的一方更能盈利。即销售额相同，人、物、设备的投入总量少的一方更强。

因此，最理想的就是从设计到采购、原材料加工、零件、单元组装、发货等快速完成，交给客户。如果能做到这点，公司就能赚钱。但是，这很难。

因为，无论如何都需要间接部门。购买材料的采购科、保存购买物资的材料科、决定物品流动的生产管理科，以及为确保质量而制订监查、检查方法的质检科或是设计商品的设计部门、物流负责人、销售人员等，间接部门的员工会自然增加。大部分人员会在公司盈利时增加。

如图 12 所示，在制造过程中，制造的后勤服务部门不断壮大，成了板状构造。

然后，为了统一管理好这些部门，管理组织应运而生。

服务部门和组织构成了如图 12 所示的巨大立体架构。这就意味着公司一旦形成了无用工作，这部分无用工作就会不断带来新的无用工作。

而增加附加价值的仅仅是中心线上零星的几个点而已。若以西瓜为例，附加价值就好比西瓜的籽。

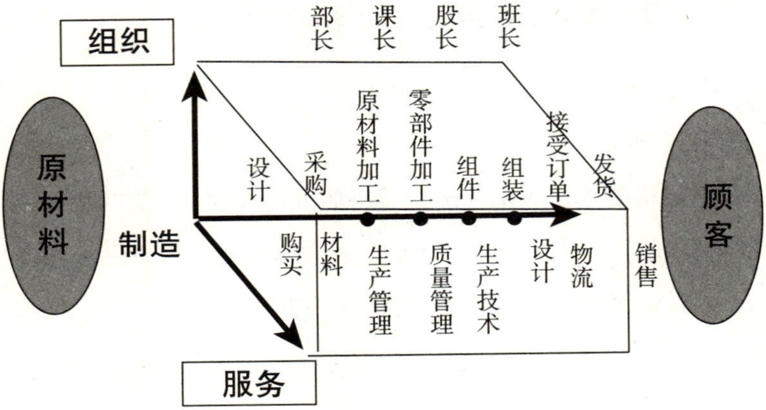

图 12　无用工作的立体构造

的确，在飞速发展期，这样的无用工作也有有效的时候。但是，今后这种无用功是难以维持的。

简而言之，若能简单、迅速完成制造的话，是不需要这样大规模的服务部门的。因此只有追溯其形成的原因，才能进行真正的改善。

由于中心横梁又长又不结实，所以才会不断加上其他的梁，从而形成了这般巨物。如果制造原有的主干部分得到强化，其他多余的梁柱就可减少。即制造主干部分变弱的部位，不断转化成了服务部门，而使得机构过于庞大。

将营业和工厂直接关联

改善这种庞大机构的关键是，如何剔除多余的服务部门，将第一线的营业和工厂直接关联。

拥有客户最新信息的是营业部门。而最需要掌握最新信息的是工厂现场。也就是说，只要将营业部门和工厂相关联，它们之间能直接传递信息即可。然而，大部分公司都没有做到这点。

首要原因是工厂没有全力支持营业。

请参阅图 13。

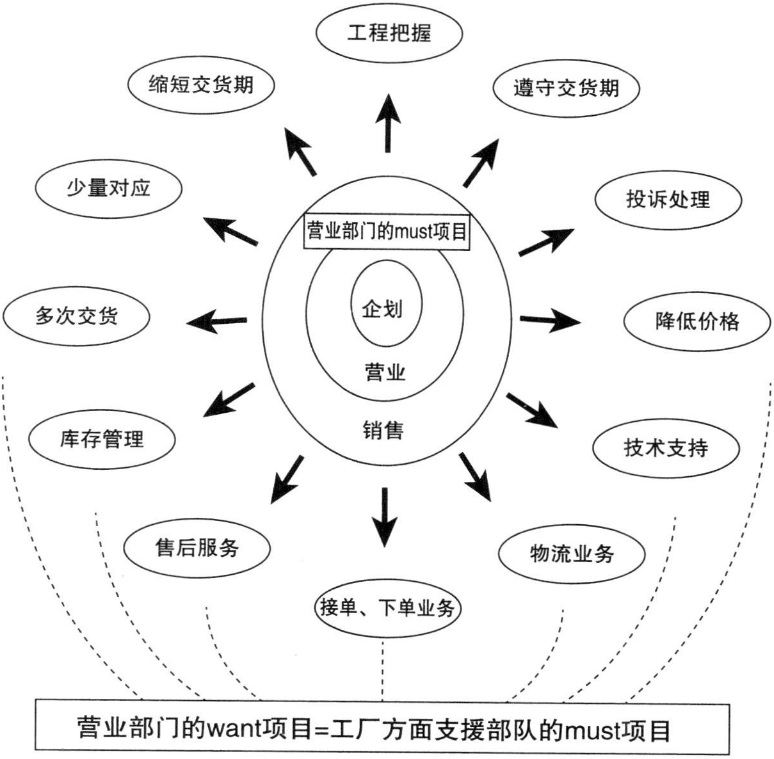

图 13　营业的 want 项目是工厂的 must 项目

营业原本需要做销售计划、拓展新产品等工作。在这张图中，将必须做的工作标记为 must 项目。但是，很多公司的营业无法着手进行这些 must 项目，而是忙于其他必要项目——want 项目。所谓 want 项目是指“希望做的项目”。图 13 中的“遵守交货期”“投诉处理”“降低价格”等 12 个项目就是营业的 want 项目。

实际上，如果营业部门不能做好这些 want 项目，是不可能着手本来的 must 项目的。例如，没有哪位营业负责人能够在没有遵守交货期的情况下，向同一客户推销新产品。

总之，对营业而言，want 项目是必不可少的。具体而言，在接到客户的订单后，营业必须时刻掌握该商品现在处于哪道工序，能否在和客户约定的交货期内交货。或者，接到客户的投诉后，关注工厂是如何处理的。如果做不到这些，是不可能去拜访客户的。

为此，工厂方面必须严格遵守营业告知的交货期，按照顾客的要求进行生产。即工厂必须支援营业。

因此，营业的 want 项目是工厂原本必须做的 must 项目。可以说，营业的 want 项目 = 工厂方的 must 项目。

然而，实际上有很多公司的工厂都没能完全支援营业的 want 项目。其最大原因是工厂的制造速度跟不上。这样一来，营业为保护自身利益，就会在营业和工厂之间设立业务部、管理部、计划部等服务部门，让其掌握与工厂相同的信息。于是，营业和工厂之间的信息过滤器就会越来越多，真实的信息也会发生扭曲。

因此，社长必须明白，一旦工厂的服务变差，营业部门就会庞大化。

必须提升工厂的服务能力，使营业部门能够专心从事以满足客户为目标的，营业本来的工作——must 项目。此处需要注意的是，如果工厂服务提升使得营业部门工作减少，业务员在办公室闲坐时间增多的话，就是消除某项浪费之后又新增了其他浪费而已。

本书之前也有谈及，即便通过改善消除了浪费，但如果未能增加附加价值，公司是不会盈利的。请再次牢记这点。

“是外部订货还是自主制造”“是海外生产还是国内生产”的判断标准

革新 5 的小型化并不是指目前事业的均等缩小。等比缩小现在持有的所有东西的话，就会无法应对挑战。因此请将“小型化”理解为“战略性规模缩小”。

如果以人的要素区分公司功能的话，只有 3 种。无论是设计部门，还是生产部门、营业部门，都只有以下 3 种人。

即**创造附加价值的人、将附加价值具体化的人、被分配了附加价值的人**。

服务部门几乎都是被分配了附加价值的人。所以服务部门越多，被分配的人数就越多。但也不是说完全不需要这样的人，而是有一个最少人数。

然而，随着浪费的增加，被分配的人也会增多，真正做事的人会越来越少。现实中，这样的公司有很多。

其结果是，有的公司将生产完全外包出去，公司内部只有检查和管理人员。

当我问某个社长：“生产全部外包，那检查员做什么呢？”社长回答说：“防止次品外流。”我说：“这不能称为检查。这是筛选。检查是在出现次品时立刻进行反馈，找到原因所在。而贵公司因为是外包生产，所以即便找到原因，也只能对外包方反馈。”社长一副似懂非懂的样子。这位社长根本没有意识到将生产全部外包的危险性。

这种“自己公司做不了，所以外包”或者“因为是外包生产，所以不能满足客户降低成本、提高质量的要求”的公司，在今后的时代是很难生存下去的。希望大家理解这点。

因为自己公司没有核心技术（竞争力之源泉）。一些企业出于某种原因，将生产外包，自己不再生产，结果就丧失了核心技术。

例如，有很多公司用 3K（费力、肮脏、危险）[①] 等词语来形容生产制造。于是把生产外包，最终失去本公司的独有技术。

① 译者注：“费力、肮脏、危险”三个词的日语是“きつい、きたない、きけん”，罗马字母都是以“K”开头，所以称为 3K。

或者，有的公司取得了ISO14000后，清洁工作不再由公司内职员完成，而转为外包，因此也失去了原有的技术。

这些都是因为在碰到难题时不极力思考，轻易选择了逃避。其结果是，不知不觉中失去了本公司的核心技术（竞争力之源泉）。

因此，“是否外包”“是否在海外生产”的基本判断标准是，本公司核心技术的质的扩大必须由本公司完成。量的扩大可以外包，或者选择在海外生产。

一旦判断错误，会影响到公司的存亡。这点请铭记于心。

无工厂企业和EMS

最近，报纸和杂志多次报道了“无工厂企业（fabless）”和“EMS［电子器械制造服务（electronics manufacturing service）］”。在此，简单说明一下。

首先，“无工厂企业（fabless）”主要指厂家只进行设计，制造委托给其他公司的风险性较高的经营形态。

这种公司形态在公司仅由“创造附加价值的人”构成时成立。即仅限于拥有远胜于其他公司的新技术，或者能不断创造新商业模型的公司。

因此，我认为“无工厂企业（fabless）”一般是不长久的。

如果能像美国硅谷的创业家一样，发现尖端技术、商业模式，然后以无工厂企业的方式创立风险型企业，并让其迅速进入发展轨道，在股价较高的时候卖掉公司的话，还可以。大部分这类企业从一开始就没有长期发展事业的打算。

然而，日本目前的经营环境与美国不同。其他公司难以效仿的、划时代的新技术和商业模式还不多。而且，无工厂企业是依托其他公司进行制造，所以如果核心技术、商业模式很容易被竞争对手模仿，则不具竞争力。

其次，“EMS［电子器械制造服务（electronics manufacturing service）］”也是在美国获得急速发展的制造业的新模式之一。众所周知，这种模式已传入日本。说实话，EMS 与无工厂企业不同，对于中小企业的数字产品承包商而言，是个强敌。

EMS 是指数字产品制造的代工服务。其从诸多公司大量接受订单，由于无须研究开发即可大批生产，所以零部件的供应效率特别高。由于是大批量购入，所以其具有以绝对的成本优势供应零部件的能力。

EMS 急速发展的背景是，对大型电子器械制造公司而言，EMS 具有一部分无工厂企业的优点。也就是说，电子产品的设备投资会花费巨大成本，而 EMS 不仅能减少不推向市场就难以确定是否能大量销售的新商品的初期投资，还能委托其他公司制造不能大量销售的成熟商品。

可以说，EMS 有助于开发新商品和减少成熟商品。

减少派遣员工

掌握核心技术的人，即创造附加价值的人减少，而被分配了附加价值的人一味增加的话，公司就无法盈利。毋庸赘言，被分配了附加价值的人员（即派遣员工）数量与浪费成正比。

就在最近，有家公司因为业绩不好请我去帮忙，我前往一看，发现这家公司虽是上市企业，但几乎都是被分配了附加价值的人，做实际工作的都是派遣员工。这样的话，是不能扭转亏损状况的，所以我只能辞退50位派遣员工，将所有工作都安排给正式员工去完成。

原本，派遣员工是为应对公司的繁忙期而临时聘用的。而正式员工就像家人，具有保护公司的义务。所以我断然辞退了外部员工。如果不这样做，公司就会陷入正式员工失业的窘境。

究其根本，所谓小型化是指减少公司所有部门中被分配了附加价值的人员。而且，不是均等缩小，而是转换成更具创造性的专业制造。

实际上，管理职位中也有只被分配了附加价值的人员。比起客户的需求，他们更在意公司内的人际关系。动口不动手，净评论眼前的盈亏，忘记了自己也需要产出利益。这些人认为利益是由别人替他创造的。

如今，这样的管理人员是公司最大的问题。而且，令人担忧的是，如果让这样的管理人员管理年轻员工的话，公司整体都会变得不正常。因此，从对公司整体进行改善的角度来看，必须排斥这种背离正确价值观的人。

但他们过去也为公司做出了贡献。而且，也是公司造就了这样的人的存在，所以雇用这些人的责任在公司。

关键是，不能直接在现有组织人员的基础上描绘今后的改善蓝图。

随着改善的进行，人员会出现越来越多的冗余。此时的处理原则是从优秀的人开始剔除。此处必须注意的是，并不是说剔除工作年限长、职位高的人。

某公司组建了由男性职员担任改善活动负责人，其余都是女性职员的若干小组，以推进改善。达到某个目标后，将男性负责人全部剔除，让他们开始挑战更高层次的技术改善。而剩下的仅由女性构成的小组自然也不甘落后，进一步推进改善，由此取得了显著的成果。

与此相反，如果剔除不优秀的人的话，就会在小组中形成“下个就会轮到我了”的氛围，整体会走下坡路。这是阻碍进一步推进改善的因素。

美国过去有过一次改善热潮。改善的结果是企业解雇了多余的人员。这种美国式的做法，从长期来看，绝不能说是好办法。

记住，“希望改善不对员工产生影响”是绝对不可能的。

革新5的要点：

●工厂服务变差，营业部门就会变庞大

●营业的want项目是工厂的must项目

●质的扩大必须由本公司完成，量的扩大可以外包

●被分配了附加价值的人员数量与浪费成正比

●改善后若人员冗余，应从优秀的人开始剔除

【制造的革新 6】社长的视觉化管理

那么，社长在现场首先必须观察什么呢？是公司中的“浪费”。

所谓视觉化管理是指谁都能看到、谁看了都懂，因此大家能互相提出意见。

为什么需要视觉化管理呢？一个聪明人再怎么努力思考，其智慧也是有限的。相比较而言，汇集各部门、各级别的人员，从各自不同立场提出的观点更有意义。

从知识面来看，优秀的大学毕业生或许更胜一筹。但从智慧角度来看，个人不可能胜过大众。

也有社长堂而皇之地说，“前往工厂也没用，因为我完全不懂”。这种现象不仅存在于中小企业，我提供过咨询服务的日本屈指可数的弱电厂家的经营者、管理者也全然不懂现场的工作。这让人很惊讶。

当我问及“多久去一次现场”时，他们的回答是“是啊，一般每个月去半天”。总之，经营者、管理者都很坦然地不前往现场，而且也不打算了解现场。

实际上，现场有很多不问监督员就难以明白的秘密组织架构，让人看了也不得要领。因此，即便经营者、管理者偶尔前往现场，思考次品产生的原因，也完全不知所以然。

前文也有谈及，工厂革新的第一步始于社长直接前往所有现场，以自己的眼睛找到问题点——浪费。

静态标准和动态标准

我想，大家的公司中也有作业标准或者标准作业之类的动态标准（第一次接触这个词汇的读者请参考图 14，比较浅显易懂）。

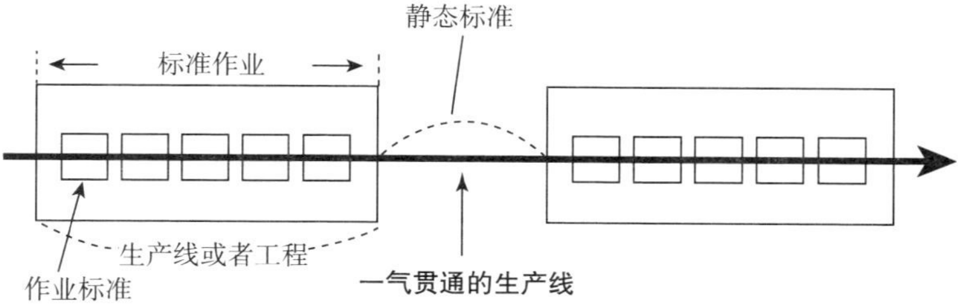

图 14　静态标准和动态标准

以前只要有动态标准就可以了。但现在无论怎样将单项作业标准化、提高效率，也不能提高整体效率。这是为什么呢？前文也有谈及，因为如果不以减少库存这一方向追求整体最高效率，就不能提高整体的效率。

因此，以后既需要库存这一不变的静态标准，也需要伴随变化的动态标准。

所谓静态标准是指 5S。例如，只要确定了在制品的放置方式，作业（动作）也就随之同时决定了。但是，如果你认为这种放置方式永远是最佳的，那就错了。现在的放置方式是现在这个时点最合适的，以后必须改变。如果以后项工程取回的方式决定放置方式的话，社长就能在现场一眼看懂需要了解的产品流动。这点后续会有详述。

当然，随着“动”的变化，“静”的标准也会不断变化。这点社长必须准确把握，不然就无法进行以营利为目的的改善。

此外，社长看不懂现场的话，即便让员工开展 5S，也不可能做好。前提条件是社长能看懂现场。

正如“表面化”一词表达的那样，5S 的根本是视觉化管理。所谓视觉化管理是指谁都看得见，谁都能提出意见、建议。作为社长，必须以建立这样的公司为目标。关于“表面化”，将在下一章进行详述。

革新 6 的要点：

●拥有从业人员 1000 人以下的社长需要对现场进行细致指导

●在训练中培养分辨浪费的能力

● 5S 的“表面化”和标准作业是改善的原点

【制造的革新 7】学习丰田生产方式的本质

即使是部分改善，只要产生库存，就不是真正的改善。而且，如果不是从原材料到成品的整体性改善，就不会取得效果。这点已经强调过数次。

因此，必须以一气贯通的方式做到所有工程准时相连。对此产生阻碍的所有因素都是公司和工厂的浪费，都是应改善的地方。

随着浪费的削减，最后会碰到技术问题。此时，技术也可加以改善。由于现成出售的设备难以使用，所以必须自己去制造。这样的话，就会极具竞争力。

例如，认为“交货期只有一星期”的公司不可能胜过认为“交货期有一个星期那么长呢”的公司。前者因为“交货期只有一星期”，所以只能以库存来应对。而后者因为“有一个星期那么长呢”，所以完全能在交货期内完成生产，而没有库存。胜负既定。

当然，一气贯通式改善是以消费者为目标，越改善越能接近消费者。

为此，重要的是将工作场所彻底“表面化”，观察整体、信息体系、制造体系，使消费者的需求信息与实际制造相一致。不这样做，不改变制造，而以物流、间接部门或者其他手段去逃避，是行不通的。

因此，应从根本上加以改革，从根本上建立强有力的体制，这很重要。

此时，丰田生产方式就显得尤为重要。

丰田生产方式是指从思想上构筑接近市场的制造体系，并具体汇总实践方法。可以说，目前尚无能够超越它的理论。

究其根本，可以说，将制造和市场直接关联，并将两者间的时间和距离缩至最短的、一气贯通式经营的塑造者便是丰田生产方式。

1945 ~ 1955 年，美国福特公司的生产率是日本的 8 倍，丰田企业面临着如何赶上福特公司的大批生产体系，以及如何比美国更廉价地生产多品种少批量汽车的课题。丰田生产方式是社长丰田喜一郎和副社长大野耐一带领现场的工作人员反复实验、辛苦劳作的结果。

“手册”和“技术”的区别

谈到丰田生产方式，很多经营者的脑海中会立即浮现“看板”“指示灯”等词语，将其视作改善的一种方法，认为只要教给现场的工作人员，并让他们去实践就能做到。

也有社长会说：“这个早已为人熟知。难道没有更新的制造方法吗？”

然而，这种说法大错特错。丰田生产方式绝不是什么“看板”、“指示灯”、QC 小组等的工具和方法。

事实上，至今为止已经有数千家公司的数十万人参观了丰田的工厂，很多人将丰田生产方式的本质误解为工具和方法，据此在自己的公司进行实践，但并没有取得理想的效果。

错误理解本质的原因之一是，丰田生产方式的规则并不是文件、手册中记录下来的固定的东西。即便是现在，丰田的数万工作人员也在每日进行着改善，以创造更好的方法。丰田生产方式既有严格恪守的一面，也有每日改进的变化的一面。

那么，丰田生产方式的本质是什么呢?

如果用一句话来概括，那就是**“保护、培养、运用人才”这一以人为本的，以主动工作为原则的体系**。换言之，即**用自己的头脑去思考、实践的体系**。如果牢牢掌握这一点并采纳的话，大部分公司都能取得很大的成果。

可以说，丰田生产方式是制造的原点。举一例为证，我通过数年来对美国的各种理论的研究发现，几乎所有理论的中心都是以丰田生产方式的思考方法为基础的。

20 世纪 80 年代，制造业大大落后的美国投入了巨大的人力和物力，以政府和大学机构为中心，研究日本制造业强盛的原因。其结果是，擅长将思考方法体系化的美国写就了让日本制造业惊讶的结构清晰的论文。

例如，“准时供应工作法”就是他们研究日本汽车制造业后得出的结论。BPR（Business Process Reengineering）论述了彻底排除隐藏在工作流程中的浪费。

此外，SCM 经营（Supply Chain Management）则是利用计算机管理来缩短制造和市场之间距离的方法，即电子看板方式。我觉得，如果将“一气贯通式经营”翻译成英文的话，正是“supply chain management”。两者的区别只在于“一气贯通式经营”是以“制造”相连的，而“supply chain management”则是以“信息”相连的。

而且，“现金流式经营（cash flow）”就是指库存和前置时间的彻底削减。这么看来，如果追溯所有这些理论的原点的话，都是丰田生产方式。

但不可忘记的是，这些来自国外的方法，即便再怎么以丰田生产方式为基础，也不过是总结了既存方式的“手册”而已。

因此，重要的不是引入“手册”，而是要在现场找到质量改善、生产率提高、要素技术的研究等构成企业今后新实力的“技术”。

“手册”和“技术”的区别非常重要。希望更多的社长能理解这点。

而能创新“技术”的只能是“人”。以此为原点进行制造的就是丰田生产方式。

如今，经营方法、体系、管理方式等充斥着日本式、美国式、欧洲式等各种良莠不齐的方式方法，日本的制造业仿佛失去了方向。

正是在这种时刻，才更希望大家能再一次弄清工厂经营的原点、技术营业生产等的原点，彻底理解制造的原理原则。

> **革新7的要点：**
>
> ●丰田生产方式是“一气贯通式生产”的塑造者
>
> ●丰田生产方式是彻底追求如何以较少的数量产出利益的方式
>
> ●丰田生产方式是以主动工作为原则的体系
>
> ●要理解手册和技术的区别

第 3 章

社长的视觉化管理

1 首先要了解自己的公司处于哪个阶段

一气贯通的整体情况

前面谈到了一气贯通式经营的重要性。

本章中，首先将一气贯通式经营分成6个阶段，让大家了解自己公司现在处于哪个阶段，然后再具体说明所有改善的基础——“社长的视觉化管理 =5S”。

请参考图15，理解一气贯通式经营的整体情况。与消费者（市场）、制造相关的所有要素都在表中，而且这些要素都通过简单的线相关联。

消费者购买商品的信息与工厂直接相关联，然后，再将各工厂逐一关联起来形成物品流动。完成的商品再直接交付给消费者。其间没有任何的停滞，也没有多余的库存。对消费者而言，这样就能随时得到需要的东西。对工厂而言，则能在极短的时间内生产出畅销商品，然后发货，因此既没有多余的库存，也无须进行多余的管理。总之，按照消费者的需求进行制造，这个过程就是“一气贯通的流程”。

但是，要想形成图中所绘的状态绝不是件简单的事情，必须进行艰难的改善。不过一旦实现了图中的状态，公司必然能够提高利润。

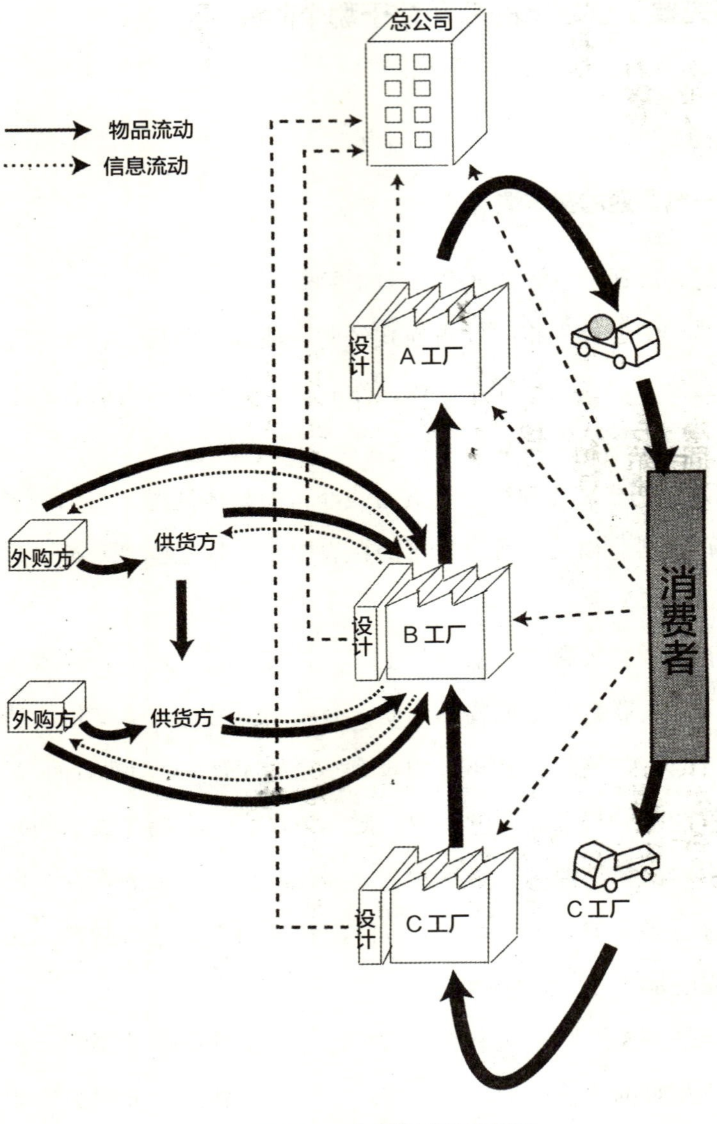

图 15　一气贯通的整体情况

或许会有社长认为这完全不可能，我也不是说要一下子形成这样的状态。这需要一定的顺序和过程。后续将会对其具体内容进行说明。首先希望社长弄清楚自己公司处于哪个阶段，然后，以上一个层次为目标即可。

一气贯通的 6 个阶段

以下内容是对一气贯通的各个阶段的说明。请结合各阶段的示意图加以理解。

暂且不提完全无法让人感到任何流程性的“阶段 0”，在“阶段 1”至“阶段 6”中可看到一定的流程化。“阶段 1”是工程内的流程，是所有流程的初步。最高的“阶段 6”是以消费者为目标的一气贯通的流程。

●阶段 0（大批生产）

工厂内的各工程间完全没有信息的流通。尽管各生产线的终端都有大量库存，但必要的零件却没有，经常发生零部件缺货的状况。顺便提一下，所谓“大批生产”是指，由于各工程各自加速生产，各工程间频频出现“成批”半成品的制造方法。

→属于“阶段 0”的公司的改善方法，将在第 4 章进行解说。

■阶段 0(大批生产)

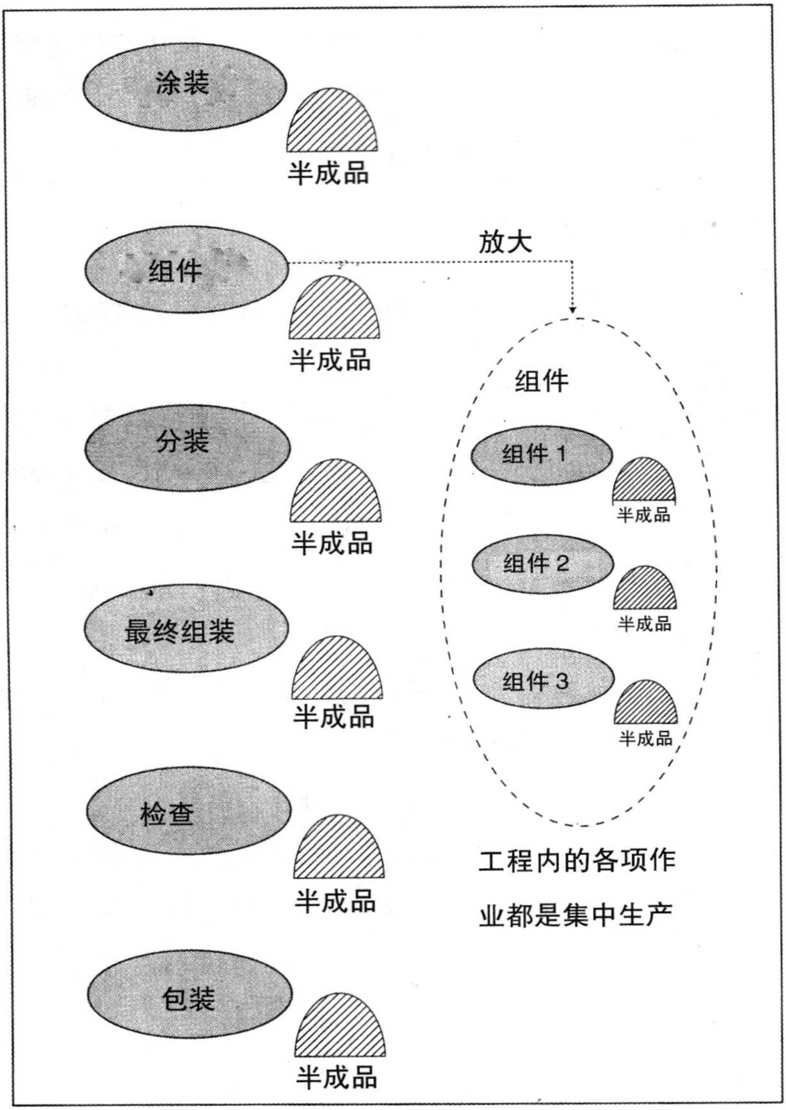
涂装
半成品
放大
组件
半成品
分装
半成品
最终组装
半成品
检查
半成品
包装
半成品
组件
组件 1
半成品
组件 2
半成品
组件 3
半成品
工程内的各项作
业都是集中生产

●阶段 1（工程内的流程）

在各工程内，形成了与最终作业速度相符的流程。工程内的中间库存是最少的，但在工程之间确实存在。

→属于“阶段 1”的公司的改善方法，将在第 5 章之后解说。

■阶段 1(工程内的流程)

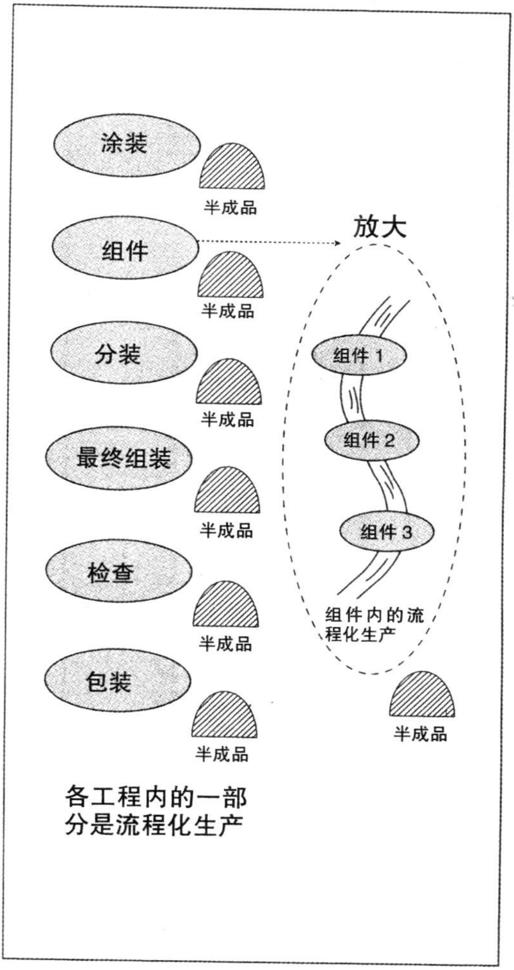

●阶段 2（工程间的流程）

工厂内的各工程之间形成了与最终工程相符的流程。其好处是工程间的库存最少，能以较短的前置时间生产出成品。

→属于“阶段 2”的公司的改善方法，将在第 6 章之后解说。

■阶段 2(工程间的流程)

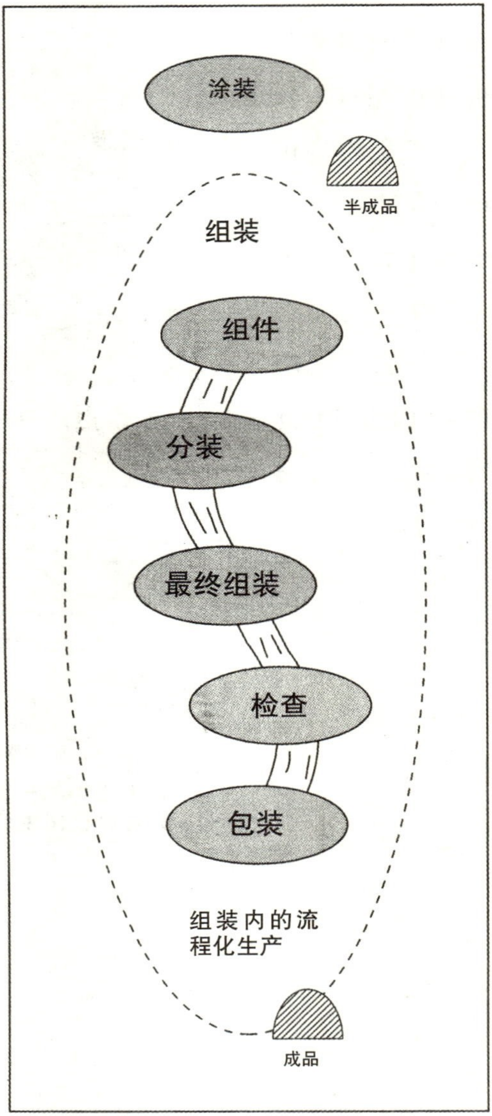

● **阶段 3（工厂内的流程）**

工厂内的各工程及向工厂提供零部件的合作企业之间，由信息相关联。按照最终工程的组装需求，提供零部件和组件。

→属于“阶段 3”的公司的改善方法，将在第 7 章之后解说。

■阶段 3(工厂内的流程)

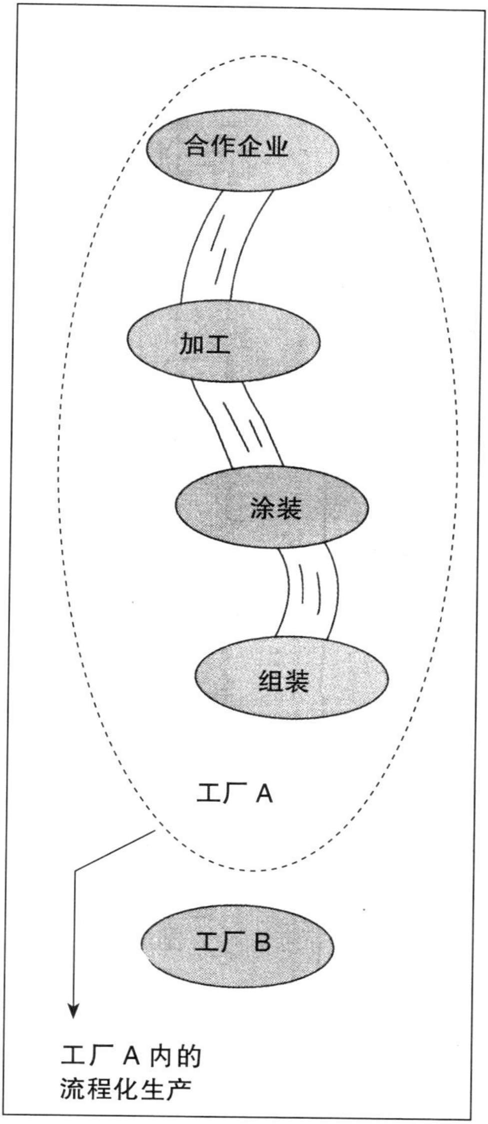

●阶段 4（工厂之间的流程）

完成最终产品所需的所有工厂之间的信息相互关联，按照最终组装工厂的生产需求，提供零部件和组件。

→属于“阶段 4”的公司的改善方法，将在第 8 章之后解说。

■阶段 4(工厂之间的流程)

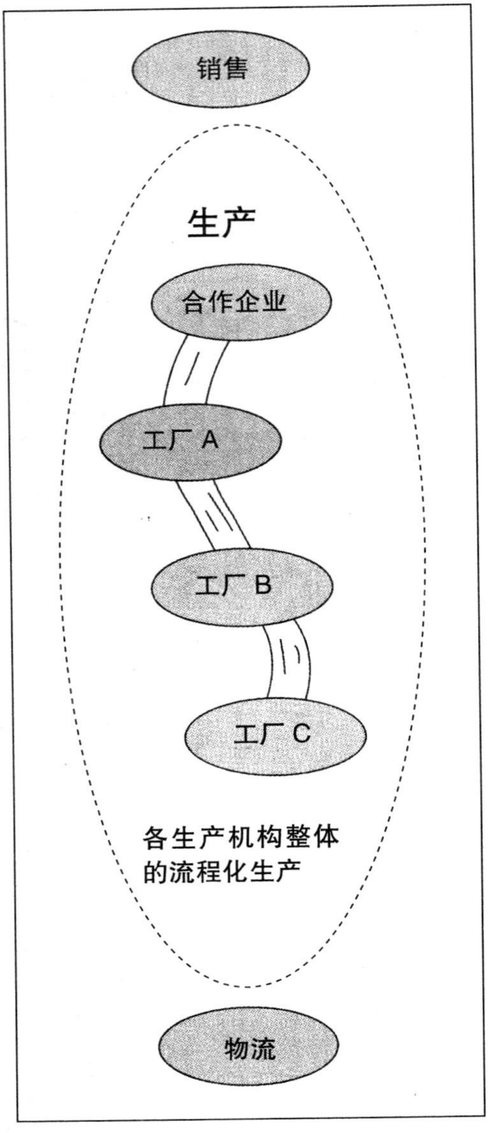

●阶段5（通往消费者的流程）

阶段5的流程与消费者相连接。也即，按照市场的需求进行生产。

→属于“阶段5”的公司的改善方法，将在第9章之后解说。

■阶段5(通往消费者的流程)

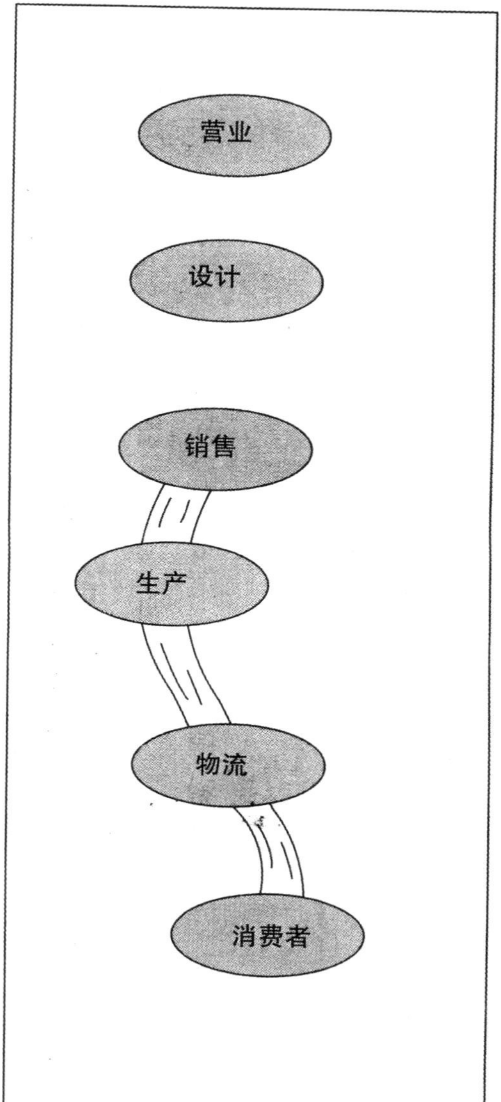

●阶段 6（一气贯通的流程）

■阶段 6(一气贯通的流程)

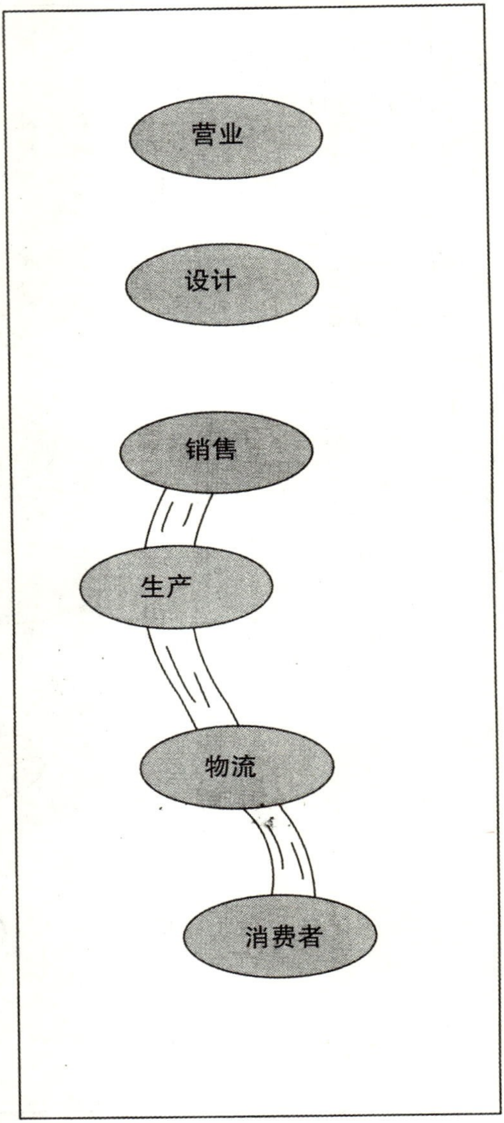

从开发设计到工厂再到消费者，其间以一个信息相关联，实现一气贯通的最终形式。

那么，大家觉得自己的公司属于哪个阶段呢？想必大部分的公司仍属于“阶段 0”，一部分较好的公司属于“阶段 1”。

因为我们最终是以将开发设计和消费者一气贯通相连的“阶段 6”为目标的，所以在现在这个阶段绝对不要灰心。

重要的不是导入新的计算机系统后进行一气贯通式经营，而是通过制造将各流程相关联。然后，一步步踏实地进行改善，最终实现一气贯通式经营。

“社长视觉化管理”的第一步是 5S 的实施

在进行任何一种改善时，首先必须进行的一步是 5S（整理、整顿、清扫、清洁、素养）。

此处绝对不要认为“5S 我们公司早就在做了，因此没有问题”。因为，5S 的实践具有特别的意义。

图 16 列出了现场改善的步骤。下面就以这一思路说明 5S 的真正意义。

图16　现场改善的步骤

改善的第一步是行动改善。

首先，在行动改善这一步，要让所有参加者意识到“竟有这么多库存”“完全不懂现场的工作”，同时进行意识改善。

我经常看到有的公司在现场改善的第一步加入意识改革，让参加者听一些有关意识改革重要性的演讲会，或者让参加者书写感想文、决心书。虽说做了总比不做好，但也无法达到预期的效果。

某大企业曾提出了业绩改革的 3 年计划。我看了当时的时间安排表，不免诧然。第一年进行意识改革，第二年设定计划，最后一年进行改革。当时我就觉得这样是行不通的，事实上该计划最终也没能产生任何效果。

很多社长认为从事制造业的人都知道 5S 一词，所以就全权委托给部下了事。这就大错特错了。

也有社长将 5S 的意义误解为清扫，“最近工厂里灰尘较多，实行 5S 吧”。这时，请务必好好理解 5S 的本质。

5S 是将工厂内隐藏的所有浪费一举暴露出来的手段。

而且，其方法与简单的清扫完全不同。其实施步骤非常具体，所以只要认真揣摩以下所说的做法，谁都能实行：从业人员 1000 名以下的公司，社长应身先士卒，带领全体员工实施 5S，这样实行改善的第一步就完成了。

2 视觉化的“5S”的步骤

1.“整理”

大部分人小时候就听到过整理、整顿一词。但是，当问及整理和整顿的区别时，很多人都不甚了解。

可以说，企业的整理、整顿是专业用语，和作为一般用语的整理、整顿的意思完全不同。很多企业会说，整理、整顿我们“早就在做了”。但实际前往现场一看，不过是一般用语那种程度的整理、整顿而已，与我所主张的整理、整顿完全不在同一个层面。

整理、整顿、清扫、清洁、素养的5S，是制造业基础中的基础。

通过5S暴露出隐藏在现场的浪费，然后运用全员的智慧予以改善，这非常重要，所以绝不可无视。

例如，我（作者柿内）曾提供咨询服务的拥有员工1100名、年销售额1000亿日元的食品企业Q就是以5S为基础创造了极具魅力的新产品。

4年前，Q企业想将之前一直潮湿的地板更新为干燥的，而开始了改善活动。

一开始，按照改善原则，首先从整理、整顿的5S开始。半年后，地板的干燥问题解决了。当初的预定目标已经实现。但是，因为该企业通过这期间对工程浪费的取缔而获得了超过预期的成果，所以决定继续进行改善。

之后改善的重点是“生产的流程化”和“前置时间的缩短”。

为了把握工厂整体的运作，该企业进行了精密的工程分析。结果查明之前一直认为理所当然的内容中含有很多的浪费。

例如，即便同样是在冰箱中保存，有时是为了促进成熟的高附加值的保存，有时是因为工程内物品的流动杂乱而进行的完全不产生附加值的临时保管，而工厂却将两者混杂在一起。

于是，该企业重新评估了包括这些浪费在内的所有工程，并在之后的 3 年间，成功地将前置时间缩短至原来的 1/3。

当然，至此已经取得了足够的成果。但 Q 企业又将这些成果与商品相关联起来了。

即通过 5S 的实行，工厂内变清洁了，霉菌的数量大幅减少。而且，由于前置时间大幅缩短，可以将原材料在接触空气的时间几乎为零的状况下制作成成品。

结果，Q 企业生产的无添加剂香肠的保质期之长，令人惊讶。Q 企业通过改善生产制造，在业界成功发售了保质期最长的新产品。就这样，实践 5S 成了开发极具魅力的新产品的契机。

下面，就来说明“整理”和“整顿”。

整理的定义：

对现场的物品，以是否要立即使用为标准进行明确的分类，处理不会立即使用的、不需要的物品。

整顿的定义：

将需要的物品摆放在后项工程易于操作的地方，进行所有人都能一目了然的可视化管理。

在完成一气贯通的物品流通的工厂，生产指示的信息从消费者购买商品的时点进入工厂，备好的材料会陆续进入工程，很快就能完成生产。

即根据物品的流动，所需的材料、工具均已准备就绪，很快就能完成生产。因此，这应该是完全没有多余物品的工厂。

然而，现实中的工厂与之相差甚远，比起必要物品，现场存放得更多的是现在不可能立即使用的、不需要的物品。

作为工厂管理的第一步，需要在社长较强的领导能力之下进行整理、整顿。

首先要从移除工厂中不需要的物品开始，但实际上有很多企业没有做到这点。

很多社长常感叹“我经常发布扔掉不需要的物品的命令，但下面的人完全不执行”。这是因为运用的方法错了。“什么物品‘需要’、什么‘不需要’，这一点谁都明白”，社长的这一想法本身就错了。

我们经常听到这样的事情，因为社长吩咐“扔掉不需要的东西”，所以员工们就决然地扔掉了，但之后不久，社长却怒形于色。社长和员工的理解、判断基准完全不同，所以即便是简单的“需要”“不需要”一词，很多时候双方对其内涵的理解也是完全不同的。

即物品的价值绝不是固定的，判断的人不同，其差异会很大。更何况是社长和员工之间，二者的判断常常有天壤之别。

那么，该怎么办呢?

“需要”“不需要”的判断标准不该是各自不同的价值观，而应该以时间为标准。例如，一个月内要使用的东西是需要的，这段时间内不使用的东西是不需要的，这样来以时间为标准判断物品。这样的话，就不会有因人而异的判断差异了。因为这是客观的判断标准。

运用可视化管理推进整理的方法

下面就来探讨具体的整理活动吧。

首先，**“整理是对现场的物品，以是否立即使用为标准进行明确分类，处理不会立即使用的、不需要的物品”**。第一步是区分需要的和不需要的物品。

但是，这不该让部下进行调查，而应由包含社长在内的所有相关员工穿上工作服在现场完成。领导当然是社长。

对于不需要的物品，应贴上如表 1 一样的纸签。所有参加者每人 50 张。在现场所有一个月内不需要的物品上贴上标签。

表1　红标签(例)

区分	1设备 2工具 3计测器 4原材料 5零部件 6在制品 7半成品 8成品 9辅材 10办公用品 11器材、文件
品名	
编号	
数量	
理由	不要·不好·不急
部门	科
日期	月　日

注：为醒目起见，粘贴后请在纸上的某处用“红色”标注

在我提出这样的倡议后，公司内部有人指出，“就在最近，我们刚盘点了库存，无须特地这样做也能大体搞清楚”。但是，只要思考一下此项活动的目的，就会发现这些意见都是荒谬的。

其实这项活动另有深意。这样做的真正意义我想读者也已经明白了，是要同时进行图16中所列的现场改善的步骤——行动改善和意识改善。

原本，想要做出改变时的工作方法和平时是完全不同的。在日常的生产业务中，社长、董事、管理人员、一般员工、兼职钟点工等各自有各自的职责分工，所有人员全力以赴完成工作的话，就能发挥最高效率。但其前提是工作体系（只要这么做就能得到这个结果）完全明确。

然而，当要改变工作方法本身时，谁都无法确定将会得到什么样的结果。此时，不该喋喋不休地讲歪理。社长既已决定，

所有人员就必须团结一致以全新的心态去努力。

于是，全体人员每人都拿着 50 张红标签在一个月内不使用的物品上贴上标签。看到尚未开封的昂贵器材就那么摆放在现场，社长在为宝贵的资金以这种方式成了闲置物品而感到吃惊的同时，也会为自己之前未能注意到而感到难过。他也一定会意识到这种不负责任的资金使用方式是不可能提高利润的。

或许，也会有员工发现自己之前接到紧急生产命令后，利用休息日加班赶制的零部件在后续工程中完全没用，只是堆放在那儿，而不由得愤怒不已。也会有采购负责人发现同一零部件零散堆放在各处，加起来的库存总量相当之大，因此不由得为自己完全不了解现场情况而感到羞愧不堪。

以上所讲的绝不是特例。以这样的方式严格整理的话，即便是至今为止现场管理得很好的企业也一定会出现这样的结果。

这又是为何呢?

原因很明确。工厂管理中有个非常重要的管理项目——“时机”，而这一点几乎被完全忽略了。在很长一段时间里，“来得及就好”“赶得上就好”等传统的、非常随意的观点支配了整个公司，结果导致巨大的问题点隐藏在谁都未注意到的地方。

对于这些重大问题的存在，以社长为首的所有人员都会根据各自的职责对号入座，受到强烈冲击并意识到自己的责任。

于是，自己就会清楚接下来该做的工作。

首先是不再过度生产、过度购买。出血需要紧急处理，而放任不管的话，就会因为失血过多而死亡。

与此同时，还要分析产生这种状况的根本原因，切断根源。此时，在现场实物面前，召集所有相关人员讨论的话，必定能找到解决方案。然后，社长当场决断并向部下发出指示的话，从这一刻开始，企业就会开始改革了。

这些工作要一举开展。回顾第 1 章 T 社长的实例就会明白，变革常常是社长在现场实物前进行的。而仅在命令部下后等待报告的收效却不过尔尔。

有效信息在现场

当回顾这项活动时，会发现几个非常重要的问题。

不依据盘点结果的数字，而是特地人为地粘贴红标签。我想和大家再思考一下这件事的意义。

很多社长习惯以部下制作的资料为基础进行经营判断。但是，这儿有个陷阱。前一章我们也讲到过，社长需要明确区分“数据”“信息”“现实”三个词语。

所谓“数据”是指使用计算机将盘点的结果用数字和图表表示出来。然后对于这些结果进行判断，形成文字报告。这就是“信息”。

但是，此处希望大家能够认识到，部下工作再怎么迅速，信息也常常是过去的东西。最多不过是接近现在的时点而已。即我们得不到从现在这个瞬间开始的、有关将来的信息。而这个重要的、有关将来的信息只存在于现场。

然而，通过 5S 活动，对于现场所有需要的和不需要的东西都进行了区分，让人一目了然。所以，社长就可以立即搞清楚所有状况。这就是可视化的惊人力量。而书面信息再多，也达不到这种效果。

还有一点很重要，即社长与所有部下一起努力实施活动。

没有哪个方针说明能胜过社长的亲自行动。为了让员工理解现在的这项工作对于公司的重要性，任何说明都比不上社长的率先垂范。

下面，最后再总结一下整理工作。

物品之所以被贴上红标签，各有各的原因。如图 17 所示，大致可以分为 4 类。

第一类是明确不需要的“不用的物品”。第二类是组装成商品而无法向市场发售的“次品”。第三类是虽然不能扔，但是不会立即使用的“不急需的物品”。第四类虽然是要立即使用的东西，但出于某种原因而被贴上标签的“需要的物品”。

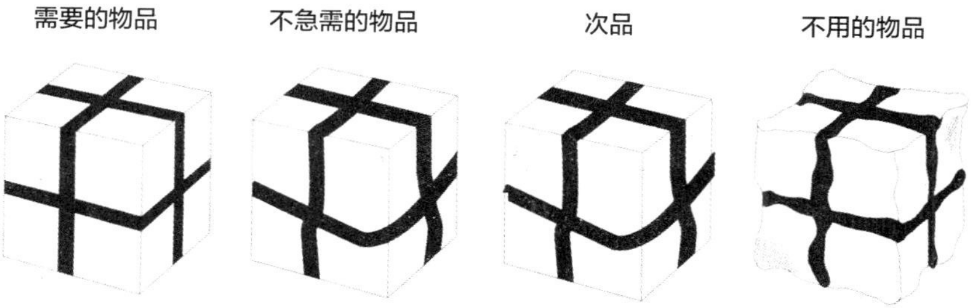

图 17　可视化整理

图 18　不急需物品的存放方式(例)

这 4 类物品各自相对应的处理方法如下。

不用的物品：立即废弃。一旦要废弃，看着眼前的物品，即便是曾经被大家忘在脑后的，也必定会有人嘟囔着“说不定以后还用得着”“还有其他用途”等。要无视这些反对意见。社长可能很难下决断，但此时最需要的是毅然决然。

次品：原则上应立即废弃。之所以这么说是因为，大部分的企业都会考虑什么时候去修理一下然后再使用，事实上却一直放置不管。然后，这些次品不知不觉间就可能会混杂在合格品中流向市场。如果想要修理的话，应立即修理，然后作为合格品保管。就这样放置不管的话，不仅没有任何意义，还非常危险。

不急需的物品：事实上，这样的物品占据了制造现场的重要位置，产生很多浪费，需要立即撤离作业现场。然后在下次需要时重新拿出即可。为此，需要另行设置不急需物品的摆放场所，进行管理。

需要的物品：虽然是需要的物品，但是被贴上了标签。原因要么是放置场所不对，要么是因为没有标示而不明用途。可以通过下面详述的整顿方法予以解决。

2. 整顿

整顿的定义是将需要的物品摆放在易于操作的地方，进行所有人都能一目了然的可视化管理。此处的“易于操作”的对象有两个：一个是作业人员，另一个是社长。

首先谈论一下什么是作业人员易于操作的整顿。

工作人员易于操作的整顿如图 19 所示。

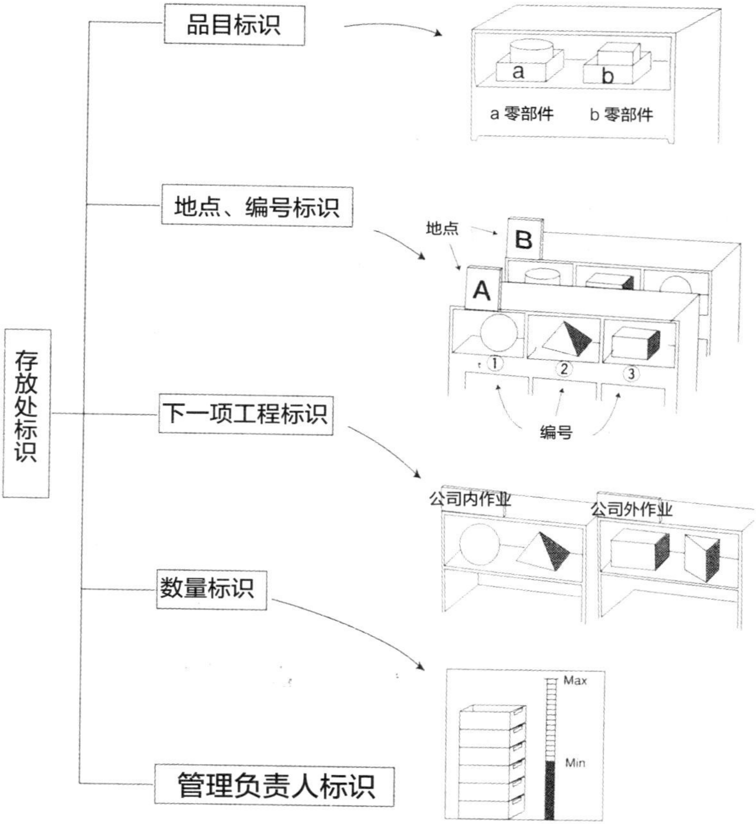

图 19　视觉化整顿

第一是品目标识，标明该零部件是什么。第二是地点、编号标识，标明该零部件在哪儿。第三是下一项工程标识，标明下一项工程是哪儿。第四是数量标识，一目了然地标明数量是否合理。第五是管理负责人标识，明确维护责任方。

图20　标示了存放处标识的存放地点实例

或许有很多人会认为，“这样的整顿不用特地说，我们公司早就这么做了”。但这样的标示活动如果只是做了一次，并没有持续下去的话，就没有意义。很多人都为维持这项活动而感到困扰，那是有原因的。

为什么不能维持呢？

那是因为他们没有真正理解整顿的意义。如果认为规定物品的存放地点只是为了美观，那么维持这个行动就很困难。

如果仅如此认为，就不是整顿，而只是排列。如果只做到排列这种程度的话，就不能真正理解其意思，也不能产生效果。这样一来自然很难维持。

但是，如果让社长真正理解了整顿的意思，知道整顿不仅易于操作，而且能暴露出隐藏着的、未曾注意到的浪费现象，这个问题就容易解决了。

例如，在整顿行动中，规定了某物品在其存放地点只能存放5个。规定是好的，但在实际操作过程中，经常会放6个以上。社长来到现场问：“为什么不遵循5个的规定？”此时必然会听到各种理由。如，“前一项工程比计划提早完成，因此就摆放在这儿了”或者“后一项工程经常有故障，所以滞留在这儿了”。

怎么样，这不就暴露了隐藏着的、未曾注意到的问题了吗？社长应经常巡视现场，以这样的方式提出问题。而如果有了改善，应当即予以表扬。

既然谈到了“表扬”一词，那么就先谈一下“表扬”的重要性。人们常说“以表扬的方式培养人才是最好的”。然而，有的社长指出“我不擅长表扬”，也有的社长对此完全不关心。这是误解。很多社长混淆了表扬和恭维。

所谓“表扬”，并不只是微笑着取悦对方。而是社长向在现场实行改善的工作人员传达“我知道你进行了这项改善”这一意思。

然后，再用“辛苦了”“很累吧”等话语加以抚慰，这就足够了。

为了做到这点，社长必须频繁前往现场，敏锐观察每日发生的变化。这最能激发部下的干劲。

我经常在工厂这样询问社长：

“您能在1周内对在那儿工作的员工进行表扬吗？”

此处暂不论员工在这1周内出于某种原因受到表扬的状况，因为这种情况少有发生。如果员工没有接到任何课题任务，则社长不可能回答“yes”。但是，如果全体员工都经常接到整顿等的日常改善课题的话，那么社长就能立即回答“yes”。

社长如果能在员工面前直接看到其所做的改善的话，就能对其予以表扬。

为作业人员进行的整顿

那么，方便作业人员操作的整顿具体指什么呢？进一步具体说明的话，首先是对于作业人员而言，物品被摆放在最易取的地方。即**距离近和易取**。

刚整理完时，物品是少了，但员工们有时会因之前养成的习惯，还是将物品摆放在了远处，并以以前的使用方式放置。整理结束后，如果因物品比以前少了很多就满足的话，很快就会恢复原样。因此，需要进行整顿，避免这种情况发生。

首先，“近”是指无须弯腰、伸手去取，将零部件和工具摆放在一抬手就能拿到的地方。这么一说，很多社长或许会反驳，“这种事，不说也都知道。员工也不是傻瓜，不会将物品特地放在远处的”。但是，我实际前往现场一看，还是放得很远，“蹲下拿”“回身去拿”“踮脚去拿”等情况屡见不鲜。为什么呢？

答案很简单。因为物品多。但在整理结束后，物品已比以前少多了，因为只存放着需要用的物品。此时要确定最近、最易拿取的位置，并标注放置方式。如果必要物品能一直摆放在该位置，那么对于作业人员而言，就是最近的。

即便出于某个原因，将必要物品放在了别的地方，也要能一眼发现标注和物品摆放位置的偏差，从而立即发现问题点，予以纠正。

其次，“易取”是指无须寻找、想、换手，轻轻一伸手就能拿取物品、开始作业的放置方式。

然而，我在现场观察后发现，大号气压电钻放在了桌子上的一个角落，作业人员每次都费劲地将其拉到跟前、数次换手、解开管子，才能开始作业。

为什么不采取能立即使用的吊挂方式呢？如果想改善这点，其实在 5 分钟内就能完成。

因为没有清晰标识，作业人员在取东西时每次都要寻找、确认。只要下定决心去改善的话，之后就能一直以良好的状态展开工作。但是，就这么放置不管的话，永远不可能好转。

图21　为作业人员进行的整顿(例)

制造中最重要的要素之一是“作业人员的节奏”。通过每次的手部动作不断增加附加价值时，作业人员会感到一定的工作律动，此时，生产率和质量都会达到最高。但如果每次操作时都要寻找、查询、换手，绝不是好的节奏。

因此，此处所说的整顿不可全部交给作业人员完成，而应作为社长重要的管理项目之一予以关注。

上述事项在整理后由全部工作人员进行改善，这就是对于作业人员而言的整顿工作。这样做的话，就一定不会出现故态复萌的情况，员工也能一直以最易操作的方式进行作业。

为社长进行的视觉化整顿

下面来说明一下能使社长的工作更轻松的整顿。

对社长而言，能使自己的工作更轻松的内容如图 22 所示。

例如“原材料是否备妥，生产是否顺利进行”“能否按期交货”，或者“是否有多余的库存”“质量能否保证”“会不会发生灾害”等，有很多细节要担心。

然而，只要工厂在生产，这些问题就都有可能发生，所以再怎么担心，也无济于事。

因此，我们在这里讨论为社长进行的整顿。

即通过合理的物品放置，营造出不会出现这些问题的生产环境。

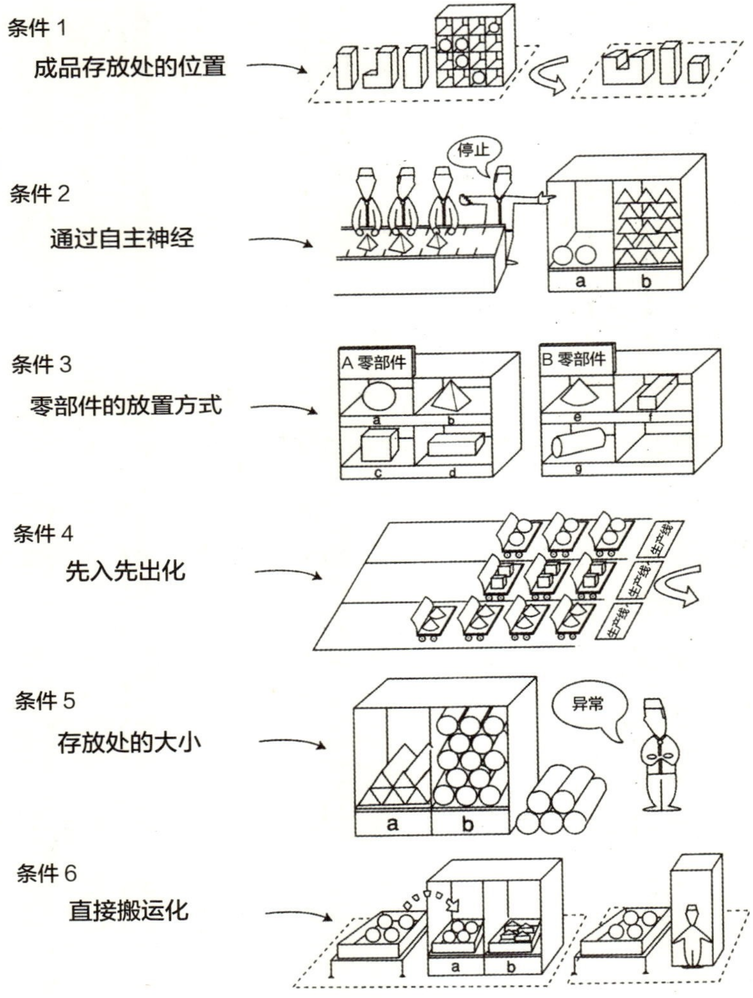

图22　为社长进行的视觉化整顿

其主要项目依次是**“中间产品的放置场所和方式”“先入先出的体系”“工程标识”**。

中间产品的放置需要根据后项工程自取方式来决定。一般的观点是将做好的东西搬运至下一项工程。这也叫作前项工程送达方式。或许大家会将这视作理所当然，但这种做法是不对的。

与此相反，**做完的东西应放置在本项工程的末端，由后项工程的人来取走**。这样的做法叫作后项工程自取方式。翻成英语的话，前者是 push，后者是 pull。

图 23 说明了为什么 pull 是好的，而 push 是不行的。

图 23 表明了在由两项工程、仓库和市场构成的极为简单的条件下，物品和信息的流动。按不同层次区分为了 4 种类型。层次由 1 至 4 逐步上升，4 最高。当然，现实中的分类更加复杂。首先以此图加以说明。

①前项工程送达方式生产（push）

工程 1 与市场的需求无关，自行按计划进行生产，然后将成品送入工程 2。

工程 2 按照市场需求，从工程末端的仓库发送商品。尽管了解市场的需求，但很多时候工程 1 送入的中间商品很难与市场需求相一致。结果就产生了卖不掉的成品库存。

这种状况下，库存很多，但没有市场真正需求的商品。

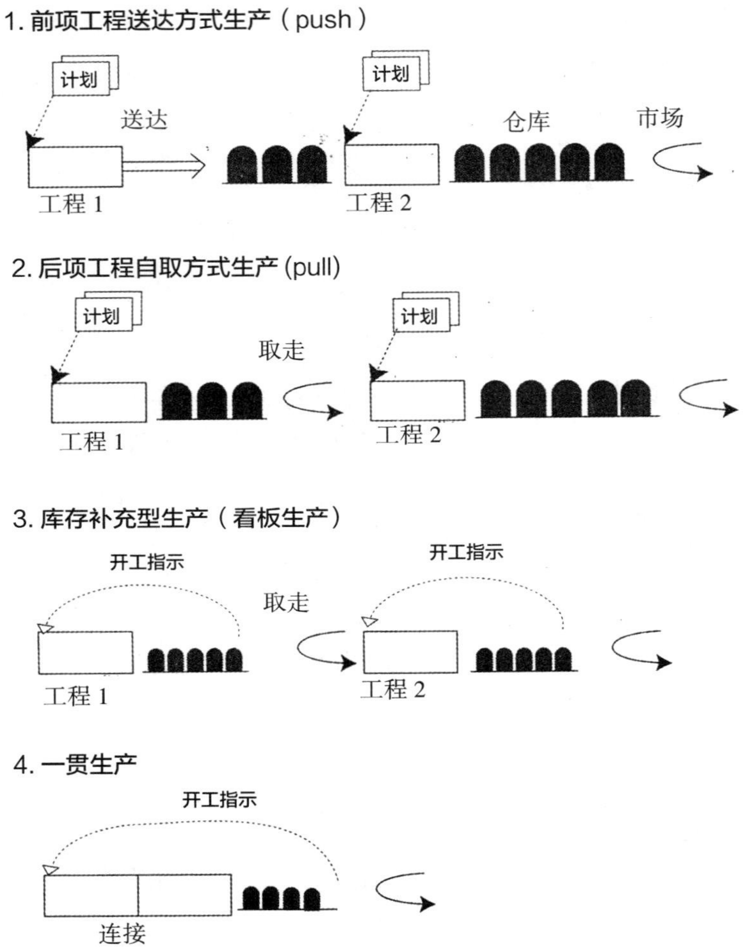

图23　不同层次的物品放置方式

②后项工程自取方式生产（pull）

工程 1 与市场需求无关，自行按计划进行生产。但是，成品不送入工程2，而是放置在工程末端。工程2根据市场需求，从本工程末端的仓库发送商品。因此，了解市场需求，只取走所需的中间产品。

如果有需要的产品，就会搬走。所以，工程1也会收到现在市场的需求信息。而且，如果没有工程2所需物品，工程2就不会搬走工程1末端的中间产品。由此，工程1末端的存放处常会堆积产品。在这样的状况下也能了解需求信息。

以这样的方式搬走物品，市场的信息就由工程2传递至了工程1，于是就可制造畅销商品。

③库存补充型生产（看板生产）

按照市场需求，工程1逐步生产所需的各种中间产品。工程2逐次补充生产仓库并发送商品，所以也是逐次从工程1取走所需的中间产品。

工程1常常是一边观察本工程末端的库存存放处，一边生产与被取走部分数量相当的产品。采取这样的方式，就能只生产市场所需的物品。各工程的库存虽然很少，但也不会发生缺货的状况。

④一贯生产

各工程关联在一起，所以能根据市场需求在短时间内逐个生产。如果能以这样的方式生产，就可将市场和制造关联起来，不产生任何多余的库存。

希望通过以上内容，大家能够理解物品放置原则。

在 4 个层次中，4 是最高的。但是，在制造中，实际上很难由工程 1 完成所有的工作。很多都是需要通过数项工程共同完成的。

如果以后项工程自取的方式放置物品，市场信息就会传达至生产过程中，不会产生多余库存，也能如期交货。

所有工程都以这样的物品放置方式相关联的话，调试、切换时间必然要缩短，各工程的质量也必然是最好的。

一旦下定决心以较少库存进行生产的话，就会不断发现尚有很多事要做，从而进行改善活动。没有问题的地方则无须改善。

然而，现实中尽管问题堆积如山，却没能被发现。那么，以后项工程自取的方式进行整顿，问题就会快速暴露。社长应该在亲自确认后，向部下发出恰当的改善指示。

“先入先出”的开展

接下来的整顿项目是先入先出。

谈到先入先出，经常会听到这样的回答，“食品服务业的话，因为原材料会腐烂，所以需要先入先出。像我们用的原材料是金属的，不必那么紧张”。

但是，这并不是原料会不会腐烂的问题，而是如何理解制造、实践制造的问题，也是社长对制造的理解本身。

以前发生过树脂成型工厂的商品在市场销售时被投诉的案例。原因是客户采购的树脂原材料中混入了一部分再生材料。由于这家企业的所有原材料都采取先入先出的方式和规则，批量管理做得很好，所以很快锁定了次品的发货方，从而将事件的影响控制在了最小范围。

但先入先出并不是安排一位管理者去做就行，而是在整顿时决定原材料放置方式和使用方法，然后在极为顺畅、理所当然的工作状态中形成的。

先入先出，如文字表述的那样，即先入的货物先出。如：便利店的冷藏柜，从顾客取商品一侧的对面补充商品，这就是先入先出。但是，要在工厂内实现这样的做法，并不容易。

首先会碰到的问题就是，空间不够。因为很多工厂都苦于放置处面积不足，所以自然会出现这样的问题。

而这样的工厂现场往往难以深入内部，眼前的商品被先取走，里面的商品就一直原封不动地滞留下来。但是，如果从改造仓库开始做起的话，就会耗费巨大的资金。即便是便利店冷藏柜，要想实现先入先出，背面也必须安装门。

但是，因为碰到这些难题而放弃先入先出的话，社长关于制造的思考就相当于零。

质量必须优先于成本。因为必须实现，所以绝不允许碰到些许困难就轻言放弃。

那么，应该怎么做呢?

对于以上观点必然会出现以下意见，如“这么做需要多少资金”“没必要那么做，又不是食品”等。这么想是不对的。等到出现大的问题再后悔，就不能称为经营。

在我们公司，将改善时的思想准备表现为“改善之心”的形式，如下所示。

改善之心
一、抛弃所有固定观念
二、马上行动，不得辩解
三、不以资金为借口，而以智慧取胜
四、找到真正原因，问 5 个为什么
五、改善没有终结，永远不满足现状

按照这个思路，全员努力应对所有问题。

下面我们就以这 5 条来说明先入先出原则。

首先，“先入先出需要较大空间”就是固定观念。这里我们仍以便利店为例，在这种面积较小的场所，门只能设在一面，而且由于主要经营的是食品，顾客必然很在意保质期，所以便利店会想方设法实行先入先出。

如果再怎么琢磨也没有好办法，那么这个时候就应暂时把成本放在一边，而去实行。马上行动，不要辩解。

具体来说，为了实行先入先出原则，在新品到货时，即使麻烦也要安排员工将原有的物品拿出，再将新品放入最里面。只要实际去尝试，就能在现场亲眼观摩到这项费力的工作，因此必然会得出改善方案。

图 24 就是这样一个实例。完全没有耗费资金。不以资金为借口，而要以智慧取胜。

图24　先入先出的改善(例)

反复自问“为什么这么难呢”“有没有更简单的方法”等 5 个为什么。这样的话，必定能找到本质问题。例如，物品太多可以说就是个本质问题。

在一个地点做到先入先出后，就可以在其他剩下的、尚未实行的地点扩大先入先出制度。然后再考虑实行更高层次的方法。很多现场将中间阶段的改善误认为已经全部完成。但其实改善是不会有终结的，永远不能满足于现状。

社长所看到的“安全”和“保全”

大家有没有听说过“海因里希法则（Heinrich’s Law）”？如图 25 所示，这是由美国的安全工程师海因里希（Herbert William Heinrich）分析工伤事故的统计数据后发现的法则。

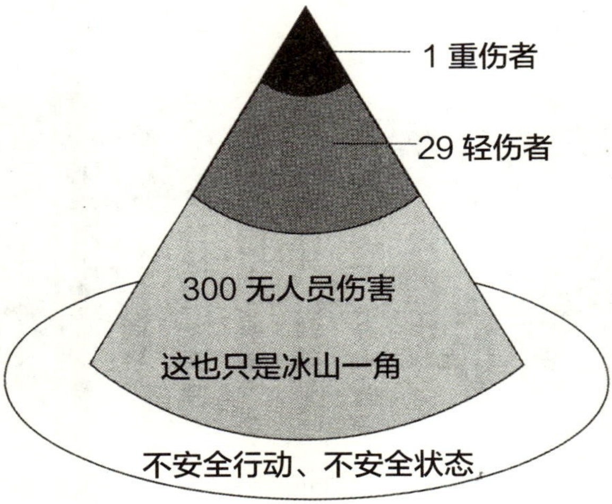

图 25　海因里希法则

表中数字的意思是，1 件重大故障（死亡、重伤）的背后，有 29 件轻伤事故、300 件无人员伤害事件。简单来讲，1 件重大事故的背后有数十倍，或者数百倍的小预兆、隐患。

只要在预兆阶段采取措施，就不会酿成大祸。如果不在源流处采取对策，而仅有应急对策的话，就会发生大事故。

即使对于轻微事故，如果不能发现本质的危险原因，之后会酿成重大死亡事故。这样的案例有很多。

质量问题也是一样的。最近发生的影响公司经营的重大质量事故也都是这么衍生的。可以说，很少有全无预兆的突发事故。前面论述的先入先出对于质量管理是极为重要的。这点大家应该已能够理解了。

接下来，讨论一下“安全”问题。作业分为“人可以做的作业”和“人不可以做的作业”。很多公司对于“人可以做的作业”中的一般作业采取了安全对策，但对于突发的例外作业并没有考虑安全对策。

然而，进行这样的例外作业恰恰是最危险的。因此，作为社长，必须考虑例外作业时该采取怎样的安全对策。

此外，对于反复搬运重物、损伤身体的作业，应安排员工轮流承担。随着设备自动化的发展，人和机械共同作业的机会逐渐增多，这会伴有一定的危险性。所以需要根据机械和作业方法的不同，配备防护服、按压器具等。

保全不是在事后进行的，其前提条件是通过视觉化管理来进行预防保全。预防保全的要点是“加油”“清扫”“查点”3点。

“加油”包括加油负责人、加油站点、油的质量和数量、加油的时机等，首先应将这些作为目视管理的内容。“清扫”是指制作专用的清扫工具，提高清洁度。“查点”不仅需要目视管理，还需要确定着眼点和判断基准。

例如，关于机械发出的声音,. 应该规定“什么声音、从哪儿发出应被视作异常”的着眼点和判断基准。

关于保全，选择不易发生故障的设备很重要。为此，必须从设备的制作方法开始考虑。例如，气缸、限位开关等容易损坏，所以从一开始就该选择使用凸轮、齿轮型的设备。金属磨具应选择标准件，需要时替换内芯即可。

设备必定会发生故障，所以故障一般要自己修理，修理改善用可以定期维护的方式展开。

但是，即便修理了也还会再次发生故障。那是因为没有排除故障产生的根本原因。所以，必须重新认识设备，从根本上进行修理。

标明产品流程的“工程标识”

接下来是工程标识。

在整顿过程中，“表面化”行动顺利进行，但是到了工程标识这个阶段，现场员工就不那么积极了。

因为工程标识与之前的“表面化”不同，难以令人领悟其意义，只要是操作作业人员，就都知道工程名称，没必要特地写出来。但是，这个不是为了让作业人员了解自己实施的工程的名称，而是为了让社长和客户了解。

社长需要经常了解工厂中产品的流程。而工厂的布局时常发生变化，社长不可能每次都去读详细的报告。

但是，如果每次都能做好工程标识，社长就能迅速了解产品流程，而不再困惑。与此同时，如果标示了工厂内质量打造的过程，以及在何处以什么样的方式持有库存的话，社长考虑制造计划时就不会出现判断错误。因为亲临现场就能完全了解所有重要内容。

因为生产线有工程标识，所以关于这些重要内容，无须一一询问就能大致了解。客户也会因此提高对企业的信赖。从某种意义上讲，工厂就是展室，制造体系本身就是商品。

3.“清扫、清洁、素养”

整理、整顿工作结束后，制造现场物品的数量与以前相比大幅减少，而且由于明确规划了存放地点，清扫也变得容易。

以前只有逐一搬开物品才能清扫的工厂，现在能在极短的时间内完成清扫工作。另外，因为脏东西不像从前那样容易侵入，所以不必频繁地清扫也能保持整洁状态。

例如，某个比较陈旧的设备漏油现象很严重，现场员工就试着彻底将其磨光擦亮。设备上都是长期积累的油污，于是大家使用刮板彻底清洁，将整个设备打磨光亮。

由于以前整个设备都是油污，所以根本不知道是哪儿漏油。但是，通过这次的彻底清洁，漏油处也暴露出来了。只要锁定了漏油位置，就能进行修理。由此，彻底清洁能暴露出诸如工厂设备等的各类问题。

问题暴露后自然会有相应的改善方法。然后，全体员工就能一起进行改善。此处重要的是，暴露问题点并进行改善后，有时会故态复萌，这很让人困扰。所以在采取恒久对策前要反复进行改善，这点很重要。

以这样的方式进行清扫的话，就能建立“不易脏”的机制。在此说明一下清扫的定义。

清扫的定义：建立“不易脏”的机制，提高清洁度。

这样一来，工作环境会得到显著改善。工作时，会感受到以前无法相比的简单、舒适，员工自身也会极力想要维持这样的清洁环境。

这就是清洁。即要继续保持所形成的整理、整顿、清扫的状态。

清洁的定义：整理、整顿、清扫（3S）的维持。

我经常会在刚去工厂时发现，工厂的 5S 做得很差。物品散乱在地、环境污秽不堪。带我参观的社长说：“我觉得公司应该好好实行 5S，但对员工管教不够彻底，所以做得不好。”

读了上述有关 5S 的解说，读者肯定会明白社长的话是不对的。

在此，讨论一下 5S 的最后一项——素养。

前面已经讨论了整理、整顿、清扫、清洁，可以说，这 4 个 S 属于技术、方法领域。最后的 S——素养则有所不同。

素养包含两个方面。第一是工厂的所有员工努力维持目前达成的 4S 的结果。

所以需要一个大家一同维持清洁标准的规则。对于已画好的线，应将物品呈直角平行放置，如果线消失了，应再次明确重新画线的负责人。制定了规则，大家就要一同遵守。这就是技术、方法层面的“素养”。

但对社长而言，素养并不仅仅是技术、方法层面的。社长需要培养企业今后永远持续 4S 的经营特质。维持这些特质就是素养。

整理、整顿的具体内容会因企业当时的制造水平发生变化。相对于这种变化，素养是不变的。对社长而言，素养应是普遍的。

技术、方法要通过教育培训去掌握，所学的内容一定会被忘记。但是，对社长而言的素养则是社长维持、提高企业的特质本身，是决不会变化的。

素养的定义：特质的维持。

5S 依照明确的顺序执行，这是制造的基本活动。

如图 26 所示，通过反复进行 5S 和改善活动，一步一步接近目标。

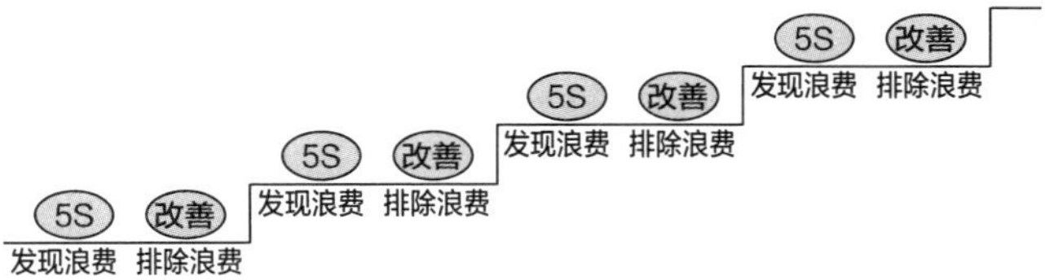

图26　5S和改善

第 4 章

阶段 0　至今仍很常见的“大批生产”

“表面效率”和“真正效率”

本章将就各公司最常见的“大批生产”加以讨论说明。

那么，“大批生产”是指什么呢?

首先在这样的生产方式下，各项工程的前后都会存在大量的库存，如工程开始前的原材料库存和工程结束后制造的成品库存，到处都是库存。

尽管总的库存量多得惊人，但却仍无法按市场的需求供给货品，常常缺货。即库存多，却没有市场需求产品的最低生产形态。

造成这种情况的原因有很多。

首先是没有明确的生产计划。如果掌握了何时需要多少数量的某种商品的信息，就可逆向推算，指示各工程在恰当时机进行生产。但是，很多企业没能做到这样的生产方式。因此，各项工程都是随意制造产品。

或者因为工程布局散乱，各项工程间未能配合，结果导致散乱生产。

因为各工程间存在一定距离，所以谁都没有注意到问题的存在，而且没有做出相应的改善。例如，因为重新安排计划很麻烦，大家都不想去做，所以各项工程仍按照自己的判断，随意决定生产批量的规模。这样的结果就是“大批生产”。

我想读者已经明白了。最大的原因是社长不关心生产制造和市场之间的关系，才出现了这种完全没有流程化的、与一气贯通式生产相距甚远的制造。

但是，由于阶段 0 是层次最低的，所以很多社长还天真地觉得这种形态“应该与我们公司没有关系吧”。然而，这种“大批生产”的生产线形态绝不少见。

例如，很多社长认为只要工厂的所有员工在各自的工作岗位上达到最高效率，成本就可降低。效率高了自然就能盈利。但是，这种想法很危险。

前文也曾提及，效率分为“**真正效率**”和“**表面效率**”。

如果以“表面效率”进行公司的效率管理的话，该工厂就是阶段 0 的“大批生产”。图 27 说明了两者的不同。

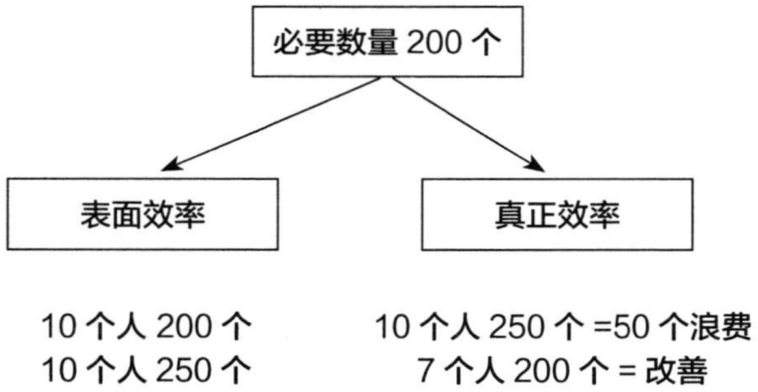

图 27　“表面效率”和“真正效率”

在经济高速发展时期，表面效率的提升也能带来一定的效果。

例如，公司整体的生产率提高目标是所有员工的劳动效率均比前年提高 10%。然后，每个人都全力以赴，以达成目标。其中也有人取得了超越目标的成果，那样的人就受到了较高的评价。

无论哪家公司都会这么做。在当时的社会状况下，公司因此降低了成本、扩大了收益。

这是因为当时市场处于成长期，生产了就能销售出去。即便发生稍许的生产停滞、搬运的增加或者最终导致了库存的增加，但由于能提高利润，所以看起来没有任何问题。

这种想法非常简单易懂，所以制造现场的作业人员，特别是经验丰富的作业人员对此深信不疑。但现在一次大量的制造能提升效率，进而降低成本的想法在很多情况下都行不通了。然而由于对从年轻时就开始积累的长期工作经验的坚信，很多人认为其他方法只会导致成本增加。

这源自于日本的制造业在以惊人的速度扩大产量、拥有世界瞩目的实力的过程中，没有碰到任何问题的幸运的成功体验。所以人们就形成了固定观念，导致在毫无察觉的情况下演变成了“大批生产”。

那么，我们应该如何是好呢？

结论是，无论何时都应只在必要的时候生产必要数量的必要物品。表面效率和真正效率的区别在于是否考虑了市场需求、时机。虽然同是效率，但是否重视市场的需求会导致完全不同的结果。

社长容易陷入的错误想法

下面以社长容易陷入的错误想法为例进行说明。

我与社长谈论制造时，经常会谈及批量生产的规模。然后，当谈及单个制造时，有的社长如是回答。

“批量生产的规模已经发生了很大的变化。以前都是少品种大批生产。最近完全接不到这样的订单。对此，我们不能以库存形式应对。所以，本公司无奈之下也实行了多品种小批生产。虽然不能完全说是单个制造，但本公司的生产体制与此接近。”

这样的见解让人感觉该社长的工厂已形成了与市场需求相呼应的制造体系。该社长也对此深信不疑。然而，这样的制造体系仍不过是处于“大批生产”的层次而已。

比起以前，批量生产的规模已经显著缩小，这是事实。但是，仍可以感觉到社长想在已经缩小的批量生产规模的范围内，尽可能地集中生产。

那么，现场的员工又如何呢？例如，今天需要生产 4 台，同一种机器 3 天后还需要 2 台，于是现场员工就集中生产了 6 台。这样做是不可能从本质上形成一气贯通式生产的。他们没有经历达到一气贯通式生产所必需的严格考验，而始终在某个地方自我满足。

图 28　“大批生产”的现场照片

（上面的照片）组装工程的中间库存

（下面的照片）原材料加工完成后的成品存放处

尽管做到了中间阶段的改善，但很多企业常常自认为改善工作已经结束。

不管中间库存是多还是少，杂乱就是杂乱。只要有中间库存，那么生产层次的阶段只能是0。社长应该经常严格巡视现场，弄清制造的本质。图 28 是“大批生产”的现场照片。

“大批生产”形成的原因

于是，大家一上来就开始批判“大批生产”。或许有的社长会后悔，“糟糕！这样的话，一开始就不要‘大批生产’，选择更好的制造方法就好了”。

但是，“大批生产”之所以存在于很多企业，也是有其原因的，绝不仅仅是选择错误造成的。

下面笔者就列举其原因，并进行详细说明。在阅读以下说明后，希望读者们能了解到今后“大批生产”是行不通的，并能以更高层次的生产为目标进行改善。

①营业部门担心缺货

营业部门经常担心的是“缺货”问题。好不容易说服了客户，签订了合约，如果没有产品的话，至今为止的努力就全白费了。不仅如此，很多时候还会因为没有遵守合约而被追究责任。

所以为了安全起见，营业常希望持有一定的库存。从这个角度来讲，一旦缺货，营业部门就会严厉责备生产部门。可以说，两者经常为此争论不休。

以前的制造方法是集中生产，所以，如表 2 所示，必然会形成在决定生产顺序之后再进行的“大批生产”。

表2 大批生产的生产计划(例)

○月生产计划表

品种	产量	← 1个月 →
A	100	
B	200	
C	300	
D	300	
…	…	

然而，实际上销售是不可能以那样的批量进行的。A、B、C几乎是同时分别进行销售，所以制造和销售之间就会产生差距。

如果制造和销售能完全同步(时机完全一致)，那么就不需要库存。正因为做不到，而且又不能缺货，所以必然需要库存。这种层次的制造方法如果没有库存的话，缺货就不可避免。

②制造部门无力实时地应对营业部门的订单

制造部门认为“营业部门的要求很苛刻”，但同时他们也知道如果营业部门不销售的话，企业就会陷入困境，所以也在想方设法努力应对。

但是，与从生产指示至生产完成的前置时间（生产周期）相比，从接收订单至发货完成的前置时间（交付周期）要短得多（交付周期<生产周期）。

这点制造部门很清楚。即以现在的实力很难应对营业部门的紧急订单。

而且，制造部门的构造也很复杂。几乎没有靠单纯组装就可完成的工作。如果将零部件工程也算在内的话，必然有机械加工、成型等预加工的工程。而且这其中也存在问题。因为各项工程的生产能力参差不齐。即各工程的能力不统一。例如：

· 不同设备的加工工程（切割、铸模、冲压等）能力不一

· 不同颜色的涂装工程能力不一

· 不同品种的组装工厂能力不一

了解了以上内容后，虽说不是完全不可能在既有知识和经验范围内实践理想的生产方式，但事实上是很难做到的。

在知道了以上的限制条件后，如果各工程的责任人都能正确应对营业部门的发货要求，就会自然而然地去思考最大限度地发挥各工程能力的方法。

各工程为了最大限度地发挥自己的能力，就会不顾方法、要求、质量、数量、时机等，直指集中生产。而这样的方式比较容易出成果，各个现场也都想这么做。这么一来，就容易形成“大批生产”。

出于①和②两个原因，在个别问题上经常争论的营业和制造部门，在持有库存、防止缺货的问题上却出奇地意见一致，从而形成了“大批生产”。

此外，还有其他各种各样的原因。如下。

③“零部件都是集中采购的，集中生产又有什么不对”的想法

“因为眼前就有，所以可以生产”的想法使得公司内制造了过多的东西。但谁都没有觉得不对，因而导致中间库存一再增加。

④由于组装工程离前项零部件制作工程较远或零部件都是购入的，所以不能理解“大批生产”引起的不便之处

最终的组装工程如果是“大批生产”，那么前项工程几乎不可能跟上其速度。

例：只需数秒就可组装完成的树脂零部件，其成型需要的时间是以分钟为单位的。

⑤深信分工生产是提高效率的最佳方法

当然，在产业革命时代，分工发挥了巨大作用。但是，将提高工程能力作为第一课题的当时与市场优先的现在，各自的优先顺序是不同的。现如今，分工成了“大批生产”的元凶之一。

⑥分工生产或者“大批生产”可以少进行人才培训（可以提高立即战斗的能力）

这是事实。但如果一直以可以偷工减料为理由的话，是无法与以中国为首的迅速发展的发展中国家相较量的。

⑦计划、合计、发票、质量资料等信息体系是“大批生产”的做法

合计这项工作本身就是“大批生产”的方法。社长也想以汇总的方式获取这样的信息。不能即时获取重要信息也是个问题，如果社长不想主动获取信息，这些问题就难以被发现。

⑧原有设备的制造方法就是供“大批生产”用的

毋庸赘言，专业设备生产厂家制造的很多设备都是以所有用户都能使用为前提的通用设备。一开始就没有下功夫考虑易调整性。即原本很多设备都是适用于“大批生产”的。但是，一旦购入后，就无须再考虑生产厂家的面子，而需要不断改造设备。

设备厂商是以速度和精确性为卖点开发、销售新产品的。但是，要以这样的速度进行加工，前项工程也必须能以同样的速度进行。如果做不到，库存就会增加。同样，后项工程也都会持有库存。

⑨“大批生产”可减少材料和辅材的损耗

例如，与每次替换不同颜色相比，一直涂刷同一颜色的涂装工程由于没有清洗喷嘴所产生的损耗，可以大幅减少涂料的损耗。

然而实际上，后项工程中会产生大大超过涂料损耗的巨大损耗。这是从单项工程和工程整体的不同角度考虑损耗而产生的差异。当然，整体最佳的视角才是正确的。

遗憾的是，大部分公司采取的都是部分最佳的方式，其结果常常有利于“大批生产”。

⑩“集中生产可以使质量稳定”的固定观念

因“集中生产、集中检查”的方式，导致了多少批次全部不合格？“集中生产、集中打包”的方式混入了多少次品和其他品种？很多经营者都深知这一点。集中生产根本不能保证产品质量的稳定，反而会增加风险。

工厂有很多浪费

以上内容说明：“大批生产”自有其产生的道理，我承认“大批生产”是客观存在的。

但如前所述，“大批生产”之所以被认可，是因为采取了个别最佳的视角，而从整体最佳的角度来看，这种方式是不可能被认可的。

而且，“大批生产”没有在生产方式上下功夫。在多品种少批量、短交货期的时代，个别最佳体系的想法是不可能驾驭整体的。应该以整体最佳体系的视角，在综合把握整体的基础上调整局部，实现总体目标。

因此，希望各个企业能在社长的优秀领导能力下，通过营业和制造部门的共同努力实现整体最佳的目标。

其方法是彻底去除工厂浪费，这也是盈利的原点。工厂里到处都是批量库存（中间库存）的浪费、设备的浪费、仓库和空间的浪费等。浪费会引发新的浪费，各种浪费交织混杂在生产体系中。这样的话，很难轻易发现浪费。但如果找到了这些浪费，工厂就会成为产生利润的宝库。

因此，首先向大家说明改善原理原则的“7 个浪费”。这“7 个浪费”是由原丰田公司副社长大野耐一提出的。我们对此做如下说明。

①过度制造的浪费

多余的产品、中间在制品、零部件的产生原因是工作过度推进。其中，关于高价机械的使用浪费，是认为应让设备的运转率一直维持在 100%，无视所需的数量，一味提高表面效率。

这其中也有管理、监督者的心理原因。出于对机械经常发生故障、次品多、请假的人多等的种种担心，所以想要稍稍提早生产。但是过于提前生产比晚生产的影响更大。过度制造的浪费也可以说是早于需求时机生产所造成的浪费。当然，材料的先期使用，员工的过度投入，机械的增设，利息负担的增加，大面积仓库、搬运费、管理费的增加等，浪费之巨大不可估算。

其中，过度制造是最不好的浪费，会消除工作场所的紧张感、掩盖各种浪费、扼杀改善的萌芽，让人不知道去改进。排除过度制造的浪费意味着要准时生产。

工作过度推进是产生过度制造的原因，其产生于以下错误的想法。

· 生产无视下一项工程、生产线的需求速度

· 员工有空闲

· 各项工程及生产线一味追求单位时间的产量提高

· 一次合格率低，各项工程次品多

· 机械、空间能力富余，囤货生产

· 购入高价设备，提高其运转率

②库存的浪费

过度制造的产品、中间在制品、零部件都成了库存。库存费用的增加给公司的资金、管理等经营方面带来了巨大的负面效应。

这些库存若能全部顺利销售出去还好，但也可能发生廉价抛售或者砸在手里等最坏的状况。

而且，库存除了会造成浪费外，还会耗费仓库、包装箱、搬运工具、管理用计算机等原本不必要的资金和人力。

如图 29 所示，工程内库存根据其位置不同，可分为材料零部件库存、在制品库存及成品库存。

从工厂整体来看，就会如图 29 的下半部分一样，分别堆放在材料零部件仓库、工厂内、成品仓库中。

库存总量反映了前项工程的制造实力。例如，某项工程成品库存较多，就意味着该工程制造能力不足。

同样，工厂的材料零部件的库存数量取决于合作供应商的实力。如果想减少该项库存，就必须指导合作供应商。

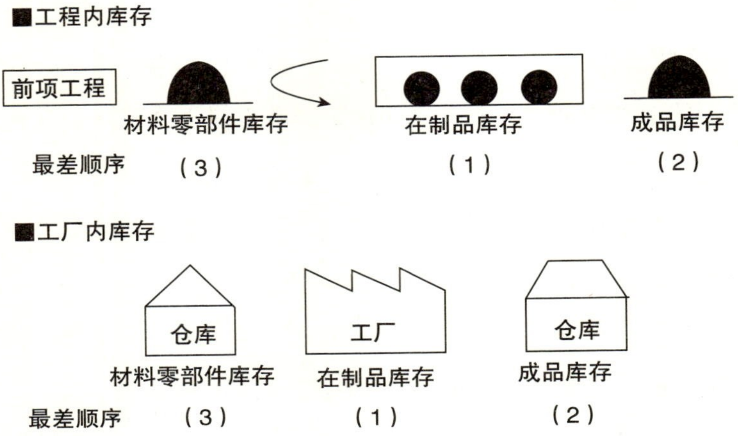

图29 工程内和工厂内的库存

我列出了各个不同位置库存的“库存最差顺序”。

库存的最差顺序

· 在制品库存

· 成品库存

· 材料、零部件库存

财务部门的判断标准是库存的总金额，所以对于具体内容大都并不那么在意。但在制造中，应从库存形成的根本原因开始进行改善，所以库存在哪儿非常重要。而如果以金额来判断，由于成品库存金额较大，所以往往被判断为最差。但在制造中，最应在意的是库存发生的源流——工程内的在制品库存，然后按照最差顺序进行改善。

③次品过多的浪费

加工失误造成的次品、搬运方法造成的次品、存放方式不正确造成的次品，次品经常发生于人、物、设备的组合中。

次品会瞬间将材料、零部件、加工费化为乌有。因此，需要找到次品产生的真正原因，彻底搞清，然后采取对策（防呆设计）。

防呆设计的三个条件是：不制造、不发送、不积压。不生产次品的方法是将这 3 点作为体系架构融入生产线中。

此外，由于设备的高速自动化，实现短时间内大量生产的方法不断增多。但这些机器一旦制造了一个次品，就会生产出大量次品。而且，这些次品也会损坏昂贵的机器和工具。因此，高速自动化机器需要配备人员，以在产生次品时立即阻止。这么一来，自动化的意义何在呢？真是让人费解。自动化设备至少需要具备在发生次品时能立即自动停止的功能。

④动作的浪费

不增加附加价值的动作只能说是人在动，而不能说是在工作。必须避免那些需要这种无用动作的工作。特别是需要上下、左右大幅度转动身体的作业难以反复进行，所以必须排除。如果动作不能有节奏地重复，就不可能以固定的速度长时间作业。

■身体的使用原则

· 两手同时开始、同时结束

· 将身体的动作减至最少

· 避免动作方向的急剧变化，尽量流畅

· 以稳定的姿势作业

· 两手的动作方向相反或对称

· 有效利用惯性和重力

· 动作要有节奏

■机械器具的配置、设计原则

· 材料、工具摆放在作业人员前面，并固定位置

· 缩小作业区域，按照顺序摆放材料和工具

· 排除持有材料、器具的动作

· 利用重力搬运物品

· 将两个以上的工具归拢在一处

· 材料、工具的装卸要迅速、简便

■动作改善的 7 个条件

条件 1　排除较难的动作

条件 2　排除无用的要素动作

条件 3　缩小要素动作

条件 4　两手一同动作

条件 5　组合步伐和手的要素动作

条件 6　有节奏地重复作业

条件 7　提高动作的速度

⑤加工本身的浪费

在 job shop 方式（一种职能单位）的加工中，有些作业不

知是做什么用的。例如，在电话机的组装作业中，听筒和主机是在不同的加工区组装的，最终组装线将两者连接并进行检查。这样就需要组装、搬运听筒，为了防止听筒受损，需要装入塑料袋。而这些加工原本是不需要的。同样，作业中还有很多多余的组装生产线和因为不能同步而产生的各种无用加工。

各种加工浪费

●因为冲压精度不够，所以在组装时需要修正敲击工程（敲击作业的浪费）

●为了搬运，将电线整个收起塞入箱子中（整理收纳的浪费）

●烧制电子元器件时，用碳素夹具将其夹住冲洗（放入碳素夹具的浪费）

●组装中，为了将模块放入间隙中，数次临时锁定，以选择模块的厚度（临时锁定的浪费）

●焊接电线保护管时，切除焊接以外的多余部分（切除的浪费）

●为了将剩余零部件退回材料部而确认数量、记录、开具传票等（间接作业的浪费）

⑥待机的浪费

由于工程间配合不好或者零部件缺货而待机，这实在是很大的浪费。

这些浪费是容易分辨的。然而，机械加工时的待机浪费较难分辨。机械自动加工时，只是站着监视机械或只进行推送作业，不能远离机械等，这些被视作加工作业的组成部分中包含的待机的浪费。

此外，手工作业中常见的浪费是，只有右手在作业，左手只是握着某个东西而已。如果两手不能配合同时作业，那么很多时候一只手是处于待机状态的。

⑦搬运的浪费

工厂中最多的是搬运的浪费。

所谓搬运浪费是指由不必要的运输距离，或者临时堆放、转运、错误的搬运方法等产生的浪费。

一般而言，零部件从仓库到作业人员手中需要经过 4 ~ 5 次的搬运。

其中最难注意到的是作业人员在加工时发生的拿取、放下的动作。

这常被视作加工的一部分，但事实上必须去除这些浪费。

摆脱“大批生产”及社长的决心

最后再重申一遍，为摆脱“大批生产”，社长必须有一定的决心。

从阶段0至阶段1的蜕变，要求现场的员工做出巨大的改变。如果是谁都能理解的内容，简单易行、不会失败的话，那么很快就能做到。但是，这次的改变并不那么简单。

因为需要从根本上重新思考制造的意义，所以要求长年来习惯按照上司命令、依照手册工作的人产生与以往完全相反的改革意识。

然而，只是口头要求具备“改革意识”的话，员工是不会那么轻易实行的。因此，需要在社长的领导下，严格执行“一边进行现场作业，一边改变制造现状”的行动改善，然后再改变所有员工的意识和想法，此外别无他法。

如上一章所述，改善的顺序应该首先是行动改善，然后是意识改善、作业改善。

在作业改善过程中，现场必然会有人提出，“以前也为了提高生产效率努力过了，但是我的做法没有效果”。更有甚者会威胁社长，“那么做的话，生产线就会停滞，会赶不上交货期”。

而且，由于不习惯新的制造方法，设备、作业等一切事物都会运转不佳，甚至一时间陷入混乱。

在这样的现实状况下，谁都会想全盘否定目前的做法，失败时将所有原因归结为个人。所以，大家自然会觉得不如不做。面对困难，工作现场就会想要恢复到从前容易实行的“大批生产”。

此时，首先需要社长树立远大目标，并做好为实现目标经历苦痛的思想准备。其次，社长要主动亲临现场。

阶段 1 改革开始后，包括社长在内的部长、课长等所有管理人员需要在现场作业生产结束后，制订样板生产线，测试新的制造方法。当然，测试需要在日常作业时间外进行，一般在员工下班回家后的晚上进行。

然后，必须在第二天早晨前，恢复原有的生产线，如此反复，直到测试成功。当然，测试常常会进行到深夜。而且，测试期不止两三天，有时甚至要持续近 1 个月。这样的作业改革，如果社长不亲临现场，只是让部下去做的话，是不可能成功的。只有社长常常在现场一线指挥，执行人员才不会困惑。只有在这样的状态下，才能从阶段 0 变革到阶段 1。

所谓失败的改善，是指全员赞成、肯定现状，并打算以逐渐改善的积累方式去进行改善工作，是想要所有人都和和气气、轻轻松松地去实施改善的天真想法。

成功的改善则是指，或许会让人感到非常困难，但所有人员都做好了挑战会伴随课题的思想准备。

然而，正因为伴随了这种痛苦，其所获才是巨大的。以往只会一味等待指示、自己不去思考的员工变得会自主思考，并每天挑战各种课题。如果公司中的所有人员都形成了发现问题、自行思考并改善的意识，公司就会无比强大。

下一章，将开始讨论改善的具体方法、机制。方法、机制会随着目的而不断变化。当然，这些工具很重要，但如果只是采用方法和机制，则会立即回到从前的“大批生产”状态。

总之，重要的是人的力量。这点希望社长铭记于心。

第 5 章

阶段 1　创建工程内的流程

从“大批生产”到流程化生产

在大批生产的方式下，是看不到市场和制造之间的关联性的，而从阶段 1 开始，可以逐渐看到两者间的联系。

即阶段 1 是向一气贯通式生产发展的第一步。与“大批生产”是完全不同的。

那么，就马上开始说一说阶段 1 的改善吧。

具体而言，阶段 1 是在工程内从“大批生产”向“流程化生产”改革。

首先请参考图 30 和图 31 的示意图，这两者形象地展示了“大批生产”和“流程化生产”的不同。

这里所说的“流程化生产”是指从原材料至制造完成之间的各项工程间没有停滞，准时逐个完成制造的生产方法。与此相反，“大批生产”是指从原材料至制造完成之间的各项工程间有很多的在制品库存、中间库存。

我们将“流程化生产”中的物品流动称为“一个流”，将“大批生产”中的物品流动称为“大批流”。

■ “大批生产”的示意图

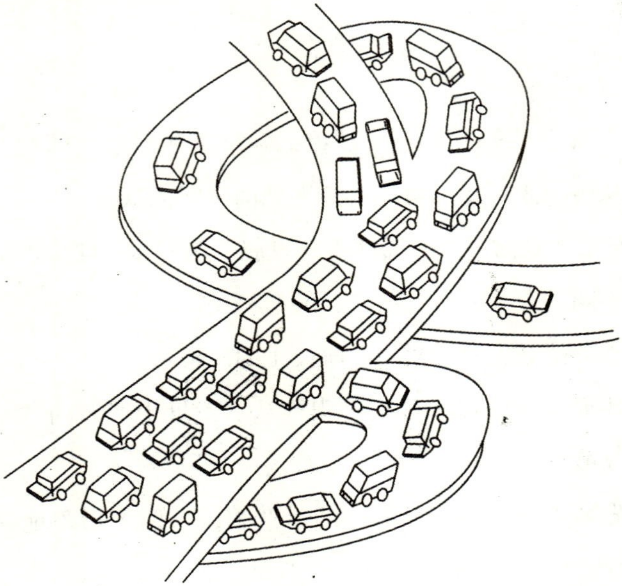

■ “流程化生产”的示意图

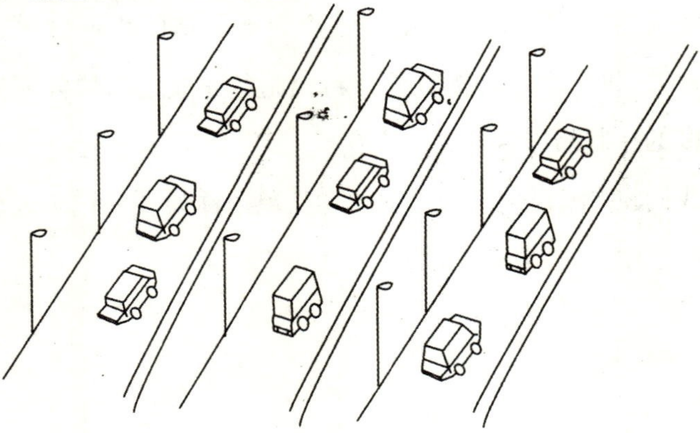

图 30　产品制造的流程化生产

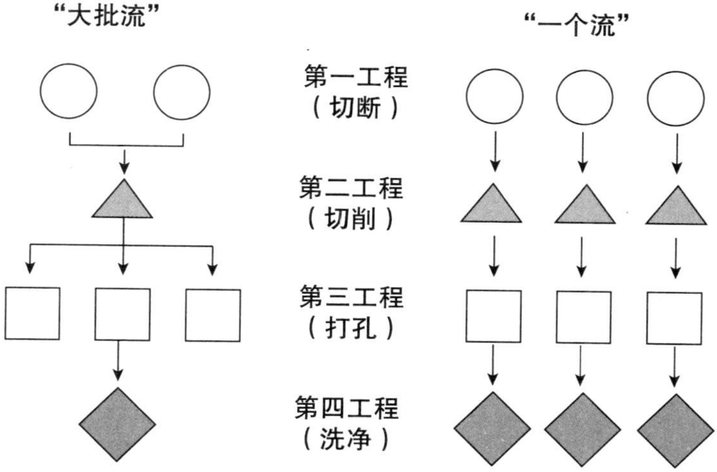

图31 "大批流"和"一个流"

表3 "大批流"和"一个流"的特征

	"大批流"	"一个流"
生产方法	批量处理	单个处理
设备	大型、通用、昂贵	小型、专用、廉价
库存	需要仓库、在制品库存多	不需要仓库、在制品库存少
人	单一技能	多项技能
质量	依靠数据进行反馈	可快速反馈
前置时间	长	短
切换调整	切换调整的需求弱	切换调整的需求强
自动化	单个设备不能自动化	单个设备能自动化

那么，在开始阶段1改善时，该从何处着手呢？

首先，选择某个工程的生产线作为样板生产线，进行流程化生产测试。虽说是样板生产线，但不是指建立与现场作业无关的、多余的生产线。而是真正的生产线、实战生产线。如果幼稚地想花费成本建立测试生产线的话，改善是难以推进的。

实际做法是管理人员在晚上加班，将现有生产线改造为样板生产线，进行流程化生产的测试。如果测试进展不顺，那么在第二天早晨前恢复原样，如此反复实践。当然，作业需要连日进行至深夜。

那么，应在数项工程中选择哪项作为样板生产线呢？其原则是从与消费者最接近的工程开始。因为以一气贯通式生产为目标的改善需要改变制造方式以接近消费者。如果不能满足消费者需求，改善就没有意义。

请参阅图 32。

如图所示，与消费者最接近的工程是组装工程。刚才谈到了样板生产线应从最接近消费者的工程开始。所以，综上所述，从组装工程

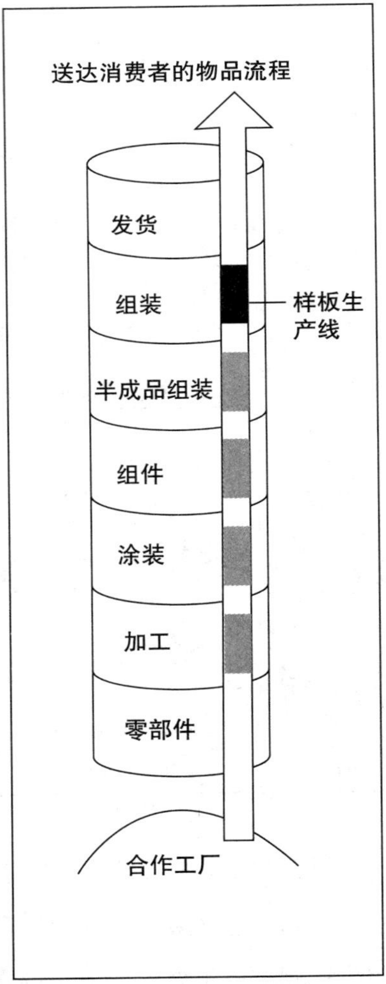

图 32　阶段 1 的改善顺序

开始着手是阶段1改善的规则。

此时，通过样板生产线的所有东西都置于生产线的终端。顺便提一下，我们假定组装工程之前的半成品组装工程、组件工程等依然是“大批生产”。即到组装工程为止，均以原来的大批生产方式生产，然后开始改善。

如果在组装工程中实现了“流程化生产”，那么就可以从样板生产线的终端发送成品。目前为止都是将成品逐一放入仓库的，但现在是将仓库中的所有成品取出，从生产线终端发货。

这样一来，就能应对订单需求了。而且，库存减少，不再需要仓库。其效果有目共睹。

敏锐的读者或许已经注意到了，改善的效果体现在后项工程中。这点很重要，请牢记。

以前的改善，效果都只出现在自己这一环节，即所谓的本工程改善。这样的话必然会增加中间库存。而且，自己这部分的改善不可能让后项工程也改善。

下面所讨论的改善是能令后项工程有所改善的改善，与此同时本工程也有所改善。顺便提一下，丰田生产方式的名言——“后项工程就是消费者”指的就是这个意思。

如果在组装工程中流程化生产获得了成功，接下来就是在考虑后项工程需求的同时，逐一将半成品组装、组件、涂装等前项工程变革为流程化生产。即按照图32进行纵向改善。这个任务只有企业干部才能完成。

与此同时，在组装工程的样板生产线获得成功后，以这条样板生产线为标准，改变组装工程的所有其他生产线。即进行改善的横向展开。横向展开一般员工也能完成。比起横向改善，重要的是更牢固地、更快地将图32的纵向改善关联起来。

这么说是因为，与消费者不相关的改善，再怎么改善，也不可能达成一气贯通式经营，因为其方向错了。所以，如果纵向工程不关联的话，即使横向工程关联在一起，也不可能提高层次。

一般而言，阶段1的改善是逐一完成的。但当公司处境危险，必须立即重建时，也可将加工、涂装、组件、半成品组装、组装的所有工程一举变更为流程化生产。说实话，不是改善方面的专业人士是很难做到这点的。

在我提供过指导的公司中，也有因亏损无法弥补，被逼得走投无路的社长。当时，社长向我提出的要求是“改善哪儿都行，只要能产生效果”。由于这个时候留给企业的时间所剩无几，所以我没有逐个展开，而是一举进行了改善，当然，收效也十分巨大。

与此相反，尚有富余时间的社长则要求“我想尝试些新方法，暂且请您从影响最小的开始着手”。

不具风险的改善“效果小”“紧迫感低”，这样一来“群体智慧也少”。

食品企业 P 公司的改善案例

P 公司是拥有从业人员约 100 名，年销售额约 16 亿日元的食品制造企业。

在这个公司实行的阶段 1 的改善非常浅显易懂，所以首先以此为例进行说明。

P 公司商品价格略高，生产美味的沙拉调料、甜点、果酱、调味汁等数百种商品。此处要讨论的是其人气商品“洋葱沙拉调料”的改善案例。

这个洋葱沙拉调料的原料很讲究，只使用某地某个农家种植的洋葱。消费者的评价非常高，很受欢迎。

其特征是，由于洋葱保质期很短，所以进货后必须当日加工、当日生产、当日销售。

改善前，8 名员工每日只能生产 700 个，将最后的工程改为“一个流”后，3 名员工每日可生产 1500 个。即生产效率提高了 4 倍多，前置时间缩短至一半。

制作洋葱沙拉调味酱的工序包括剥洋葱皮、切末、制作油和调味汁、在包装瓶上贴标签、将做好的调味酱装瓶、发货等作业。

作为流程化生产的样板生产线的是图 33 的切末，以及将油、调味汁装瓶的工程。

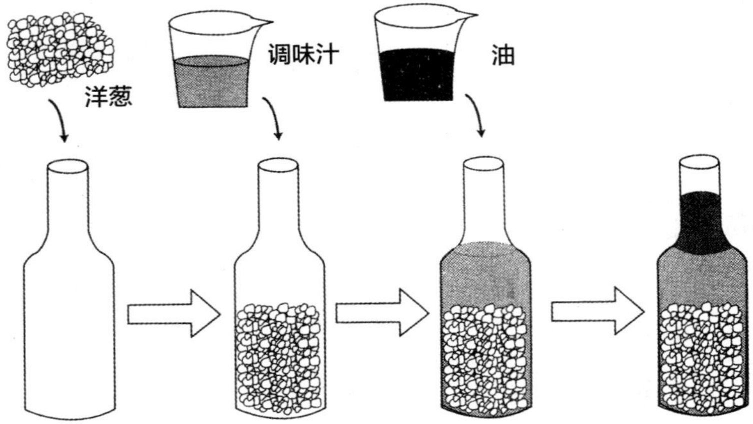

图33　P公司改善前的作业

最耗费时间的作业是将洋葱装入小口瓶中。这项作业是瓶颈，将洋葱装瓶的数量决定了当天的生产量。所以，以往公司会派遣更多的作业人员将洋葱装瓶，之后装入调味汁、油。

似乎先将调味汁和油搅拌后装入容器更好，但搅拌后再装入的话，很难保持配料的调配比例，所以还是得分开装入。因为该商品注重的是味道，而搅拌后，调味汁和油的比例就会失调，味道会发生变化。

当然，这样一来装入洋葱末的小组、装入调味汁的小组及最后装入油的小组之间就产生了中间库存。员工也是一会儿被分配去那儿，一会儿被分配至这儿。

对此，我首先提出了“请逐个生产”的要求。而现场的回答是“这个绝对做不到”。

我咨询了技术负责人，确认不用分离调味汁后，提出了这样的建议，“先将调味汁和洋葱搅拌后装入别的大口容器，再装入瓶中然后加入油”。而现场的回答是“以前也考虑过装入别的容器，但是装入别的容器本身也是一种浪费”。

认真听了他们的观点后，我明白他们误认为这项改善会需要很多大口容器。于是，我说道：“不是这样的。容器只要有 3 个就可以了。装入后倒出即可。”

他们似乎没能马上领会我说的意思。

他们考虑的是批量生产，认为这样做会需要与中间库存同等数量的别的容器。因为长年来一直进行着“大批生产”，所以他们的考虑本身也是以大批为前提的。这样的例子屡见不鲜。

于是，我在他们面前实际演示了这项作业。在改善过程中，演示非常重要。如果不这样做的话，自尊心强的现场员工是绝对不会信服的。

接下来的问题是“漏斗”口。市场销售的漏斗口径都比较小，洋葱会卡住不能顺利装入容器中。因此需要手工制造与容器口大小完全一致的漏斗。

对此，只要先去百元店买漏斗，然后将其改造成与容器完全相符的尺寸即可。之后我马上进行了测试，装瓶变得非常简单易行。现场的员工也交口称赞，“原来这么简单啊”。

那么，他们之前为什么没能做到呢？

因为他们的想法本身受到了大批这一固定观念的束缚，所以固执地认为是无法改善的。但一旦改善成功，他们就会恍然大悟“原来如此”。

以前，装入洋葱的作业、装入调味汁的作业及装入油的作业所需的员工数和时间是不均衡的，但改善让这些都变得均衡了（见图 34）。

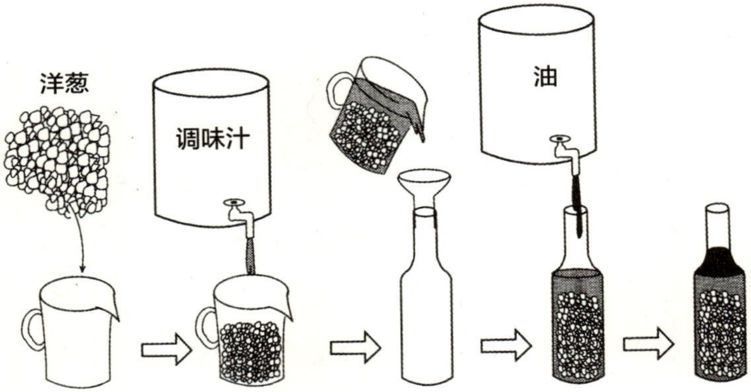

图34 P公司的改善案例

阶段 1 的均衡化

下面，说明一下在以一气贯通式生产为目标的改善中比较重要的“均衡化”和“同步化”。

首先容易混淆的是“均衡化”和“平均化”。“平均化”是以一个事物为对象。例如，平均年龄是用年龄的总数除以人数。

而“均衡化”的对象有多个，是将他们平均化时使用的词语。制造中的均衡化的内容，会随着改善阶段的提高而发生变化。

“建立工程内的流程”的均衡化是指作业水平的平衡，内容是同时将“作业”“数量”“生产时间”这 3 个因素平均化。

以 P 公司为例，各项工序种类、数量、生产时间都各不相同，均衡化是指让装入洋葱的作业、装入调味汁的作业及装入油的作业等均衡进行。找到解决方法，使“大批生产”向流程化生产转变。

大家可能会觉得比较难，但流程化生产的重要条件是“均衡化”和“同步化”，所以这点请务必理解。

请参阅图 35。

该表说明了 P 公司作业的“均衡化”。以前由 8 个人做的作业，现在 3 个人以两倍的速度就能完成，而且没有中间库存。

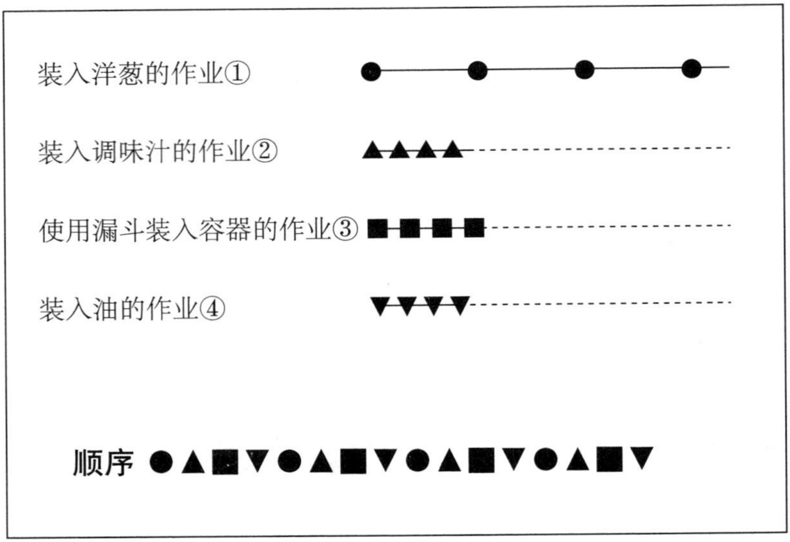

图35　P公司阶段1的“均衡化”

同步化指时间恰好，用英文表示是“just in time”。

以图 34 的例子来说，使用的设备能自动将一定数量的调味汁和油装入容器，装入完毕后，员工逐个封装容器。如果装入完成的时间与员工取容器时间相吻合，就是“同步化”。

因此，无论使用设备能装入多少，也绝无必要快速灌装。

一旦抓住就不放开

就这样，P 公司从以前的大批生产线改变为单人操作的、浪费最少的一人生产线。需要注意的是，一人生产线并不是一个人的生产线。订单多的时候，一人生产线可以由数人大量制造。

只是，人员增加的话，浪费也会因此增加。所以订单多的时候，需要考虑的是增加生产线，还是派多位员工在同一生产线生产。

一般而言，随着改善的推进，小的生产线有增加的趋势。关键是不要选择大型设备，而是选择小型设备建立廉价、小型的生产线。由此，企业就可以形成能应对变化的体质。

P 公司每天必须生产 1500 瓶洋葱沙拉调料。如图 36 所示，目前一人生产线安排了 3 个人。如果订单减少，安排 1 个人即可。即即使出于某个原因，生产中途订单减少，也能应对，并且不留中间库存。

此外，以前有数位员工分别负责装入洋葱的作业、装入调味汁的作业、装入油的作业，所以各方人员常常你追我赶地作业。以前装入油的作业需要花 2 小时，均衡化之后，花 8 小时去做，作业时间也很充裕（见图 36）。

即，**以流程化生产的方式进行制造，可以应对订单的增减，人工费成了变动费用，作业时间也比较充裕。**

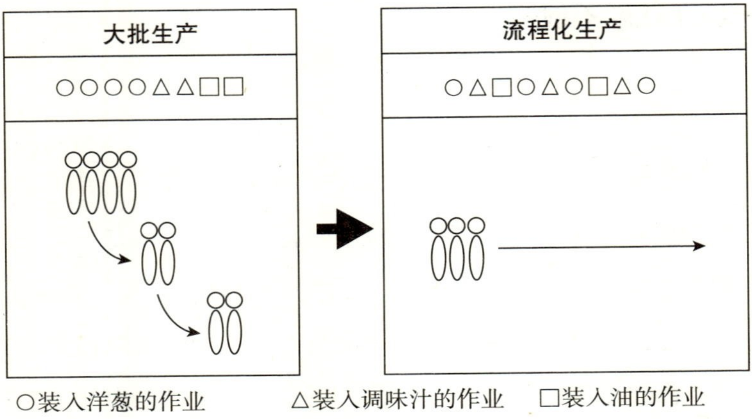

图 36　P 公司阶段 1 的“人的均衡化”

然而，即使是如此简单的事，如果不从“逐个制造”开始构想的话，是不可能想到的。可见，阶段 1 从“大批生产”向“流程化生产”的改善有多难。这点我想读者已经明白了。

实现这一改善最为关键的是连续工作，以一句话来表达，是“一旦抓住就不放开”。

F 公司机械加工工程的案例

下面以制造头盔，年销售额100亿日元的F公司为例进行说明。

为了制造一件商品，F 公司的数个工程都需要使用压力冲孔机。但是，由于该设备数量有限，所以 1 个批次只能生产 50 台。于是该公司在一项工程完成 50 台后，再将设备切换成下一项工程的模型继续使用。如此反复。

如此一来，生产周期就变得很长，成了瓶颈工程之一。

那么，该怎么办呢？可以增加数台冲压机，预先按照各项工程的模型设定好。这样的话，作业人员拿取一个中间材料后就可以不放开，打孔后按序使用各个冲压机就可在瞬间完成所有冲压工作。

以前使用 1 台冲压机，一次冲压后，就将该模型收纳起来，等到下一次冲压时再取出。

问题是如何才能拥有数台冲压机械。新的机械无力购买。我调查了二手机械，价格非常昂贵难以购入。

于是 F 公司决定自己制造所需的冲压设备。这儿所说的制造并不是仿制与既有设备相同的器械，而是重新分析所需的功能，自己制造具备该项功能的简单机械。

请比较图 37 中的两张照片。

照片 1　原有的冲压设备

照片 2　自己制造的冲压设备

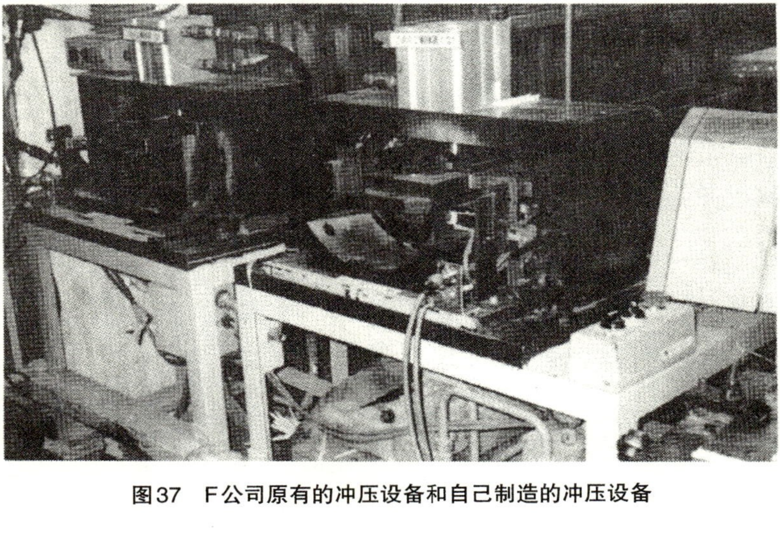

图37　F公司原有的冲压设备和自己制造的冲压设备

第一张照片是原有的冲压设备，第二张照片是F公司自己制造的新设备。二者形状完全不同。购买二手设备至少需要100万日元，而自己制造的成本则不到10万日元。

那么，差别为什么会这么大呢?

这是因为F公司在彻底弄清工程所需设备的同时，明白了所需的冲压压力并不是那么大的。而且，通过计算所需的生产量，他们发现并不需要那么快速的设备。

以前使用的冲压设备是通用型的大型设备，每分钟能轻松冲压20次。因为有20吨的压力，所以能将非常大的物品冲压成型。任何形状都能自由操控速度，轻松应对。这就是通用机械的特点。

通用设备的特点是非常方便，但有时这个特点也会造成阻碍。因为能轻松应对一切生产需要，所以设备巨大，装置复杂，价格很高昂。

而F公司是怎么考虑的呢?

首先是速度。生产线的每日产量最多为800个，所以生产节奏为每个30秒。冲压工序有4项，所以留给每台设备的时间有7秒，还绰绰有余。而且，压力只需要1吨，使用油压气缸即可完成。这样的话，使用与模具大小差不多的小型设备即可生产。

于是F公司就制造了如照片中所示的小型，廉价，自己设计的，易于操作的冲压设备。

因此，无须中途切换调整即可一口气完成所有工序，生产率、前置时间大幅改善，而且由于没有了拿起、放下等作业，产品不会受到磕碰，所以质量也变得更加稳定。

设备的内部制造

下面，笔者要谈一下对F公司案例中谈及的设备内部制造的看法。

谈及机械设备的内部制造，很多社长会说，“内部制造需要高水平的技术，我们公司是不可能做到的”，所以选择了放弃。事实上，这并不需要很高的技术。前面介绍的F公司在改善活动开始前，也认为“不必如此大动干戈，我们公司一位专家也没有”。

首先要做的是**正确理解通用设备和专用设备的区别**。例如，电器店销售的洗碗干燥机就是典型的通用设备。如果要制造出与之一样的设备，真的很难。

因为这个设备要求在短时间内同时洗完所有餐具。粘上米粒的饭碗，油腻腻的盘子，形状复杂的茶碗、筷子、叉子等。这就需要能放入所有这些餐具的夹具。

此外，需要在各种形状的餐具表面有效涂抹洗洁精。读了说明书后发现这个设备还有人工智能设置。如此精良的设备外行是不可能做出来的。即便能制造，也是街上出售的便宜货。

但是，同为洗碗干燥机，专用设备又如何呢？

例如，如果一台洗碗干燥设备只专门清洗同一形状的饭碗，那么制造就很简单。弯曲金属丝，制造能牢牢夹住几个茶碗的工具，放置于透明塑料柜，然后配置能向所有茶碗喷洒热水的管子，这样就完成了。干燥时只需买个吹风机吹强档暖风即可。

去最近比较流行的折扣店购买的话，所需的材料费总共不过 5000 日元。

看了这个例子，读者应该知道专用设备和通用设备是完全不同的吧。如果认为机械设备是必须购买的，那么不知不觉中就会疏漏这点，而这恰恰是非常重要的切入点。

例如，制造半导体的设备，是难以用人工替代的。但几乎所有清洗作业都可手工完成。与清洗相关的工作中，不必使用复杂的通用设备，可改用简单的专用设备的工程，除清洗外，还有涂装和干燥工程也能实现这一点。

仔细一想，单个零部件的作业就是如此简单。但是，一旦改为通用设备，就会一下子变得非常复杂。

本章所述的工程内的流程，也加入了专用化的思考。因此请大家认真考虑并采纳。

在策划以这样的方式进行内部生产时，我也会听到“这样一来公司所花的人工费绝不低，还是购买设备更便宜”的意见。

但是，工厂的改善才刚刚开始。在今后逐步提高流程层次的过程中，自主制造内部设备的能力非常重要。

只要自己能制造机器设备，就算从外部购买时，也能买到物美价廉的机械。因为你已能鉴别所需设备的最低配置。

自己制造的机器，能自己修理，不会因产品设计稍作更改就不可使用。所以，应该尽早通过公司内部的努力培养这项能力。

所有公司都强调教育的重要性。但是，由于教育效率不高，所以很多公司尽管口头强调其重要性，却未付诸实施。然而，正因为效率不高，所以如果做好了就能达到其他公司无法轻易赶上的水平。这个初步的设备内部制造就是一个非常宝贵的教育机会。社长应该将其作为向未来发展的准备项目之一。

组装工程的案例

在机械加工工程的例子之后，再向大家介绍一个组装工程的例子。之前所说的“一旦抓住就不放开”的关键词也适用于组装工程。

组装工程中常见的是使用传送带的组装作业。

使用传送带等设备进行流程化生产时，要按照消费者需求进行制造，绝不可按照传送带等的设备能力进行制造。

结论是，大型传送带设备的长生产线不适合流程化生产。因为流程化生产的根本是，作业人员具备多项技能，一边移动一边作业。

但是，现在仍有很多工厂配备了长传送带，安排很多组装人员进行装配。作业人员的人均工作量较少，分内工作是从传送带上取下零部件，然后安装自己负责的零部件。

安装结束后，再放回传送带，然后取下一个零部件，如此反复操作。

由于传送带作业司空见惯，所以很多人将其视作组装工程理所当然的作业方式。实际上，这是一种会产生很多浪费的生产方式。

第一种浪费是与传送带作业人数相当的拿起、放下的操作。拿起、放下这项作业当然不会产生任何附加价值，只是产品的位置发生了变化，从传送带到了作业人员手中，在这个过程中，并没有安装一个零部件。这显然是一种浪费。

第二种浪费是每位作业人员的工作分配方式。如果给所有员工安排与传送带运输速度完全吻合的工作量，那就没有问题，但实际上这几乎不可能。因为作业量总会时多时少。

这样一来，工作量最多、作业时间最长的人就决定了整体的速度。结果，其他人就只能待机。

但是，员工不会因为工作量低于传送带运输速度，而在每次循环都以待机状态等待下一个零部件，必定会进行速度调整，所以导致全员看起来都很忙。实际上，真正与传输速度完全一致的作业人员只有一位，其他人都是待机状态。

第三种浪费是在切换调整时产生的待机时间。组装也是多品种小批生产，所以不能大量制造同一产品。

某种商品组装完毕后，为了组装下一个商品，必须替换所需的零部件和工具。此时，生产线是停止的。在生产线一侧等待的作业人员数量很多，所以这个待机时间总量非常大。

此外，还有一种浪费是由于一次性快速、批量地制造同一产品，所以不得不持有库存。消费者是分别逐个购买自己所需的商品，所以制造本来也该如此。但是，由于是大批制造，所以为了备齐所有品种，必须以大量库存应对。

以上列举了传送带组装作业中的 4 种浪费。那么，该如何解决呢？

答案很简单。只要想出与这 4 点相反的制造方法即可。

即，首先要减少拿起、放下作业的次数。

其次，去除待机时间。因为制造由几个人分工完成，所以才产生了待机。因此改为由一个人完成所有作业就可以了。

再次，切换调整产生的待机时间是因为一次性、快速大量制造，所以，只要以所需的速度慢慢制造一个种类的产品即可。

最后，让组装速度与市场的需求相符，就不再需要库存。

一人生产

那么，满足以上 4 个条件的制造方法是怎样的呢？

我想读者已经清楚了。那就是一个人一口气完成所有工程的“**一人生产**”。

将制造一个商品所需的零部件按照组装顺序摆放在作业者易于拿取的地方，然后作业人员有节奏地进行组装。

以前一条传送带生产线上会安排数位作业人员，现在则是各个作业人员独自在不同的场所同时组装不同的商品。图 38 就是例子。

这种组装方式的称呼有很多。例如，单元生产、一人一摊方式。虽然称呼有很多，但实质都是一样的。

以这种方式进行生产，不仅库存会大幅减少，生产率和质量也能同时大幅提高。原因是，我们将“人和设备分开”。通过明确区分机械的工作和人的工作，作业人员可以离开设备进行别的工作，所以生产率提高了。

此外，由于拿取、放下作业的减少、待机时间的消除，或者因为能够按照自己的速度进行工作，所以作业有了节奏感。

图38　“一人生产”生产线(例)

质量提高的原因如下：由于自己负责了所有工程，所以责任感倍增；或者因为不用按照别人的速度完成作业，所以能进行精确的质量检查；或者由于传送带作业是由不同作业人员完成的，所以难以完全把握各工程发生的容许范围内的误差，但是一人生产就可完全把握。

这种一人生产方式有以上很多优点，但也有一些不足。例如，按以前各自分工完成作业的方式，作业人员一个人负责的作业范围可以很小。但现在一个人要完成所有工程，所以必须进行相应的训练。

此外，与传送带作业相比，以这种方式生产的作业人员可各自持有工具，所以也需要他们自己制造工具。

传送带作业可通过管理传送带的速度对产量进行一定程度的管理，一人生产则必须考虑新的管理方法。

总而言之，与以前的做法相比，这种生产方式的实施无疑变难了。但如果能做到这些，进行扎实的员工教育培训，那么自然谁都能完成。

前文也有谈及，在进行改善时，最重要的是发挥人的才能。日本制造业通过扎实的教育、训练培养扩大了人的才能，这才是其优势所在。

此外，为了改善阶段 1 的流程化生产，作业人员必须具有多项技能。因此，如图 39 所示，创建员工的多项技能得分表，挂在公司内较显眼的地方，让员工一眼就能知晓自己技能的达成状况和今后应努力的目标。这是极为重要的教育训练方法。

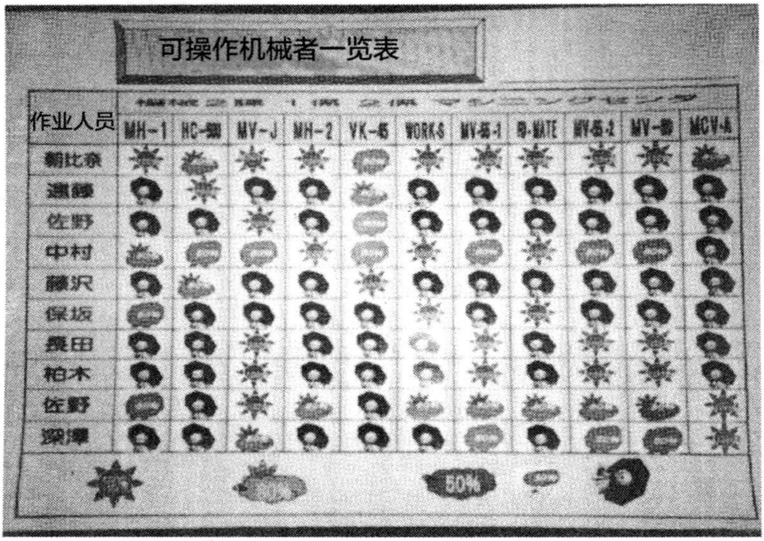

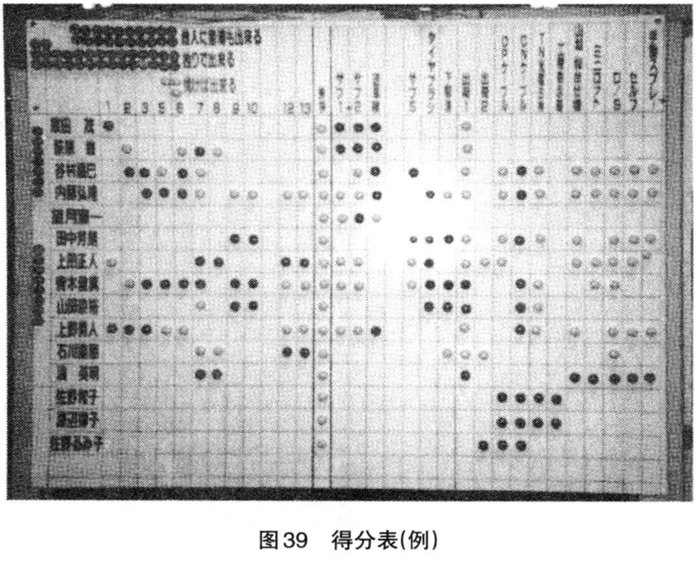

图39　得分表(例)

希望社长能好好研究和理解为什么要采用这样的方法，并付诸实施。

这也是一种挑战，通过这样的改善可以让自己的部下获得巨大成长。

流程化生产的 6 个原则

在本章的最后，将综合上述内容，说明“流程化生产的 6 个原则”。

【设备】	原则 1	设备按工程顺序摆放
	原则 2	设备应“多工程化”
【方法】	原则 3	建立单件制造流程
	原则 4	按作业周期制造、发货
【人】	原则 5	站立作业
	原则 6	具备多项技能

原则 1　设备按工程顺序摆放

工厂布局从冲压机车间、切割机车间、研磨机车间等将同样功能设备摆放在一起的 job shop 型（功能配置法）向 flow shop 型（工程顺序配置法）改善。

flow shop 型的布局必须以从原材料到发货为止的最短流程为目标。

原则 1 的改善要点

●大型设备、通用设备等由于其性质，容易形成于 job shop 型工作场所。而且，考虑到人的动作，容易形成各个 job shop 单位小孤岛。因此，必须考虑制造通用、专用的“一个流”生产设备。

●只要能确保设备的间距、检查时的最小空间即可。当然，可以将设备改善为带脚轮的或带木制底托的。

●布局必须以人的行动为中心。考虑到产量的变化、互相帮助、步伐的浪费等，应将生产线改成入口和出口相近的U字型。

●检查装置和设备等应将连接部位和主体装置分离，生产线内只设置作业连接部位。

●调整作业会让作业时间参差不齐，难以并入生产线内。因此，必须在建立排除调整作业（生产技术等）、稳定调整作业（夹具和工具对策）、支持、标准待机等对策后，并入生产线内。

原则2　设备应“多工程式”

“大批生产”提高效率的对策之一是拥有多台同一功能的设备，减少时间损耗。也即，“拥有多台设备”。

而流程化生产的提高效率是指在作业周期内能进行多少工程。因此，如果只是将设备布局方式改为工程顺序，负责该项工程人员的作业方法还是原来的“单一工程式”，那么效率的提高程度也是有限的。需改为一个人操作更多工程的“多工程”生产线。

原则 2 的改善要点

●为了有效利用机器和人这两个生产资源，必须明确区分机器的工作和人的工作，使作业人员能离开机器从事别的工作（人和设备分开）。

●必须使设备具备即使没有员工在场，也不会发生误操作，具备保全和防呆（后续会有详述）功能。

●万一发生异常，设备能够自动停止。此时，需要制订准确汇报状况的体系。可将指示灯（后续会有详述）作为工具。

●思考人和机器的作业组合，使得双方都能提高效率进行生产。关于设备的改善，从作业周期时间考虑的话，为了缩短员工的操作时间，需要自己逐步进行不花费资金的“自动化”改善。这个想法很重要，应该避免以设备为中心的自动化。

●机器的开关为可动式，可以根据人的动作进行设置。

●不可忘记安全罩、安全座位、光电管的设置等。

●设备可以根据加工单位进行质量确认。

●设备具有清点生产管理所需的数值、处理数量、次品数量的功能。

原则 3　建立单件制造流程

大批生产是在各个工程内逐个制造，然后积攒成批量，再运送至下一个工程的生产方式。

单件制造是根据有规则的作业顺序，在作业周期内逐个提高加工度的同时推进工程的生产方式。

原则 3 的改善要点

●单件制造和大批生产的本质区别在于，人是否离开设备。单件制造不受设备运转速度的限制，可根据作业周期时间有效利用人力资源。

●单件制造中，每位员工手中处理的只能是 1 个产品。2 个以上就是批量生产。制造方法的本质不同。

●冲压、电镀、成型等难以单件制造的工程也尽量以小批量进行，在生产线之间采纳如图 40 所示的吊桶供给机制。这点很重要。

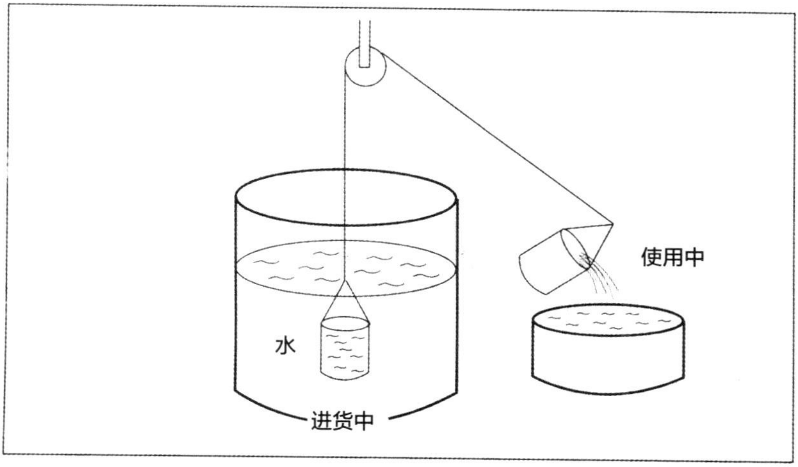

图40　吊桶井的例子

原则 4　按作业周期制造、发货

一般的流水生产根据各机器、各生产线的处理速度进行制造，是提高各个设备运转率的方式。其以个别最高效率为目标，不是全体最高效率的生产方式。

而作业周期生产必须在几分、几秒内制造 1 台产品或 1 个零部件，是按时间生产，可以说是消费者的需求速度。因此，与机器的运转速度等没有关系，由下面的公式决定。

效率化的要点是在作业周期内进行更多的工程。

作业周期时间的计算公式

消费者的需求速度 = 作业周期时间 = 每日劳动时间（公司劳动时间）/ 每日必要数量（消费者的需求量）

每日必要数量 = 每月必要数量 / 每月工作天数

原则 4 的改善要点

●进行流程化生产时，有时必须从传送带作业向 U 字型生产线转变。传送带有两个功能：运输和定速。取消传送带时，不要忘记采取定速度（作业周期时间的机制）的方式。

例如：速度警报器、速度提示灯。

●作业周期的前提是定时运转。有时由于设备能力、主要因素的尾品处理等，难以遵守作业周期。此时，需要延长或者缩短作业周期算式中的分子——每日的总运转时间。

●传送带作业时，为了生产平衡，会规定以一个最适合的速度进行生产，因而无法灵活应对所需数量的变更。为了工程编组的简单化及提升市场应对能力，传送带作业应去除零部件的拿取、放下作业等的浪费（生产不平衡的主要原因），根据作业周期集中提供零部件。

原则 5 站立作业

一般使用较多的方法是作业人员固定不动、移动产品。但是，流程化生产是完完全全的流水操作，去除了大批生产中的搬运作业。所以，采取的方式是作业人员与产品一同在多项工程间移动，增加附加价值。因此，必然是站立作业。

原则 5 的改善要点

●从公平性的角度来看，部分站立作业很难在整个公司内实施。所以，首先应从全员站立作业开始。

●从坐着作业向站立作业的改善，工程编组应尽可能伴随步行。

●如遇站立作业困难的肉体性障碍，那么只能是坐着作业。

●非现场工作人员也应站立作业，以应对生产线所需的援助作业。

●站立作业严禁单脚打开开关、踩踏板、爬楼梯。

●站立作业不是绝对条件。也可牺牲效率而采取坐着作业

（如生产量多，无须进行多项工程的时候）。但是，如果产量减少，就很难以那样的方式应对。

原则 6 具备多项技能

多工程化生产要求在作业周期内进行更多的工程。这需要教育、训练员工具备多项技能，正确进行各工程的作业（动作、品质、速度）。然而，突然要求多年来一直只从事一项工程的作业人员具备多项技能，即使提出了改善方案，也不可能顺利进行。公司应从长远视角做好教育、训练计划。

此外，多项技能员工应区别于高级技师。所谓高级技师是指其一项技能专业性强。

对公司而言，既需要多项技能员工，也需要高级技师。但是，多项技能员工无须具备高级技师般的专业性。即多项技能员工的专业性可以低于高级技师。

重要的是，由高级技师决定作业的条件、规格，将作业标准化，然后据此进行员工的多技能教育和训练。

原则 6 的改善要点

●各工程需要根据动作经济原则（第 4 章解说）进行动作简化（谁都能完成）的改善。熟练工的操作未必都是正确的。

●去除作业中的例外作业，确立可反复操作的标准作业。

例外作业：

· 去生产线外取零部件

· 一点一点地取出零部件

· 重新排列产品

· 给加油器补充油、黏合剂

· 为了拿取方便，事先折弯标签的作业

· 记录数据和实绩等的间接业务

流程化生产的必要机制

为了迅速、廉价地制造出好的产品，需要“人力”和“机制”。前文已多次强调，这两者中最为重要的是“人力”。

即“人力”为“主”，机制为“辅”。

关于以下要说明的几个机制，并不是说只要形成相同的机制，就可以进展顺利。“机制”不是普遍性的东西，而应由人力予以不断改善。

在进入机制说明前，请再次明确这点：改善没有终结，永远不满足现状。

①质量和防呆设计

在进入防呆装置的具体说明前，先说一说质量。

从结论来看，防呆设计这一机制并不是要提高商品本质质量。究其根本，质量包括本来具有的本质质量（与生俱来的质量），以及在制造过程中由设备、工具的使用方法、作业方法等形成的质量（后期培养的质量）。所谓防呆设计是为了提高后期培养的质量，不能提高与生俱来的质量。常常有人认为只要安装了防呆设计，与生俱来的质量也会有所改善。这是错误的。

质量改善与防呆设计无关，而是提高要素技术、固有技术、零部件技术，改善原有的产品。因此，如果不深究所需的技术本身，本质质量是不可能改善的。

而且，如果新技术不融入设备、工具、人，则不能成形。此处所说的融入人是指确定作业方法，进行教育和训练，让员工遵循该方法。

但是，即使做到以上这些，还是会产生质量问题。因为人都会在不经意间犯错。这就是所谓的“疏忽出错”。

为了不让这个“疏忽出错”导致出现事故、次品，需要给工具和器具配备各种检查装置，这就是“防呆设计（防错看板）”。

防呆设计要做的是，即使作业人员没有一一注意到，也不会产生次品或发现次品。

防呆设计的 3 个条件是“不制造”“不发送”“不积压”。

防呆设计的形态大致可以分为两类。如图 41 所示，包括不让次品混入的“**源流检查方式**”和一旦制造次品就发送信息的“**发送信息方式**”。

A 源流检查式防呆设计
防止忘记点焊机的电极修磨

改善前

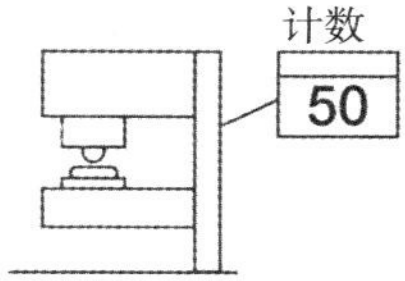

电极修磨需每 50 个循环进行 1 次。计数器已经安装，但还是容易被忘记。结果导致发生熔接不良。

改善后

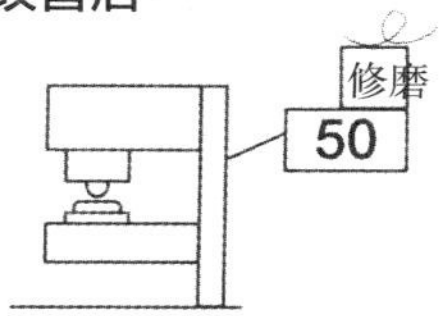

熔接在进行了 50 次循环后，设备会自动停止，提示电极修磨的灯会亮起。

B 发送信息式防呆设计
防止外观类似螺丝的误安装

改善前

逐个安装外观非常相似的 5 种螺丝。配备了螺丝箱，并按序排列螺丝，但即便如此，还是会经常发生安装两个同类螺丝的误操作。

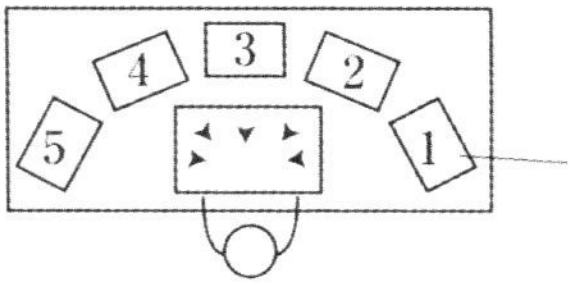

改善后

螺丝箱安装了带有从 1 号开始按顺序开闭装置的盖子。首先是 1 号盖子打开，取出螺丝盖上盖子后，2 号盖子打开。作业结束时，如果 5 号盖子不关闭装置就会感应到异常，亮灯或者警报提醒。

图41　防呆设计(例)

作业人员检查发现不合格产品后，用夹子夹住放在桌子上的指定位置，由管理人员处理。如果作业人员当即修理的话，则需要再安装一次防呆装置，但这又会发生别的浪费。

这是一个冲压工程防呆设计的例子。首先，作业人员安装好产品按下按钮，安全罩会自动盖上进行冲压。此时，如果冲压不能按标准进行，自动取出装置就会停止。如果跳过这项工程，后续工程的开关则难以打开。这个机制实现了“不制造”“不发送”“不积压”这三点。

图 42

为了防止外观类似的相邻零部件的混入，制造能使不同品种无法组装的夹具，这类设计就是前项的“源流检查方式”。而检查到钻头折断便立即停止机械的装置则属于后者的“发送信息方式”。

考虑防呆设计时的最大问题是，检查错误的方法。重要的是根据标准作业检查出与标准不符的错误。代表性的防呆设计如下：

■利用零部件的形状和尺寸，将防呆设计用的别针、垫片、孔等安装于现有工具上，防止出错。

■防呆设计专用夹具的开发。

■用限位开关、光电开关等检查出发生错误时的差异。

■计数器、计时器等计数，检查出与基准定数（产品的孔等）的差异。

为了消除不合格品，重要的是使防呆设计机制易于操作。市面上随处可见价格不菲的防呆设计的感应装置。但是，使成本上涨的防呆设计装置是不可用的。

为此，社长该如何亲临现场发现异常，并立即处理呢？不合格产品的产生原因很复杂。搞清原因的最佳时机是次品产生时。时间拖得越久，证据越难找。

很多公司忽略了产生不合格产品时搞清原因的宝贵时机。有些糟糕的公司居然在每月一次的质量会议上讨论 1 个月前发生的不合格产品的情况。对此，我会不加思索地说“1 个月前的不合格产品汇总好比死亡诊断书”。

因此，不合格产品发生时，应尽可能多地收集信息进行判断、处理。即便难以完全应对，也应该收集更多的信息。

然后，多问几个“为什么”，找到不合格产品产生的真正原因，建立防呆设计机制。如果不能将作业顺序标准化并公布，那么就不可能有真正的次品对策，反而会增加成本。

此时重要的是充分利用进行实际操作的现场工作人员的智慧。

日常作业中发生的问题，即使再小，也要找到其真正原因。让所有员工养成这样的习惯才是开发防呆设计机制真正意义上的开始。

为了消灭不合格产品，日常作业中发生问题时，需要立即寻找原因，这个时机最为重要。打个比方就是要当场逮捕罪犯。

而且，这些策略不仅适用于现场作业，其同样适用于间接业务，建议大家予以采纳。

确保质量的策略

以下汇总一下确保质量的策略。

（1）建立流程化的产品制造。

（2）作业人员意识高、责任感强，打造并确认质量后，传至后续工程。

（质量检查……明确检查关键、规格、标准，进行视觉化

管理）

（3）逐个制造、发送产品。

有不合格产品时，停止设备、作业、生产线。

（4）根据标准作业决定作业顺序，能始终以同一动作作业。

（如果第三者不能确认，则不行）

（5）检查工程应纳入工程内，并细致分配。

（6）极力缩短前置时间，提高反馈、反应的速度。

（7）设置防呆设计机制，减少作业人员的负担。

（8）配备质量工具，提高应对异常情况的能力。

· 质量指示灯

· 遵守加工顺序

· 定位停止方式

· 由目视方式转换为触摸方式，进行伴随动作的检查

②智能型自动化

所谓智能型自动化是指发生异常情况时能自动停止的机制。自动化是在设备、生产、物流等与制造相关的所有方面发生异常时自动停止的机制。

简而言之，流水生产线中 1 个产品制造完成，从生产线下线的瞬间，下一个产品进入生产线。如果不能遵守这个规则，该机制就会提示有异常。这就是以遵守作业周期为目的的自动化装置的一种。

大型连续自动工作机床等能够高速、同时加工多个部位的设备，特别需要自动化机制。因为加工速度快，所以一旦有次品，就会短时间内大量生产出不合格产品。而且加工部位多，通过检查发现次品需要的时间也多。

为了不发生这样的事故，需要这样的装置，能够在产生 1 个次品或察觉到产生次品的条件时，立即停止设备。例如，检查钻头破损、零部件从运输装置上掉下时的装置。最近市面上出现了很多精度高且便宜的光学检查装置。使用这些装置就能比较容易地发现产品和加工条件的异常。

以前的手动机械作业离不开人。安装了照片中间所示的黑色小设备后，发生异常就能自动停止。所以人可以离开机器。

图43　自动化(例)

如此，原本大量制造同一次品的自动设备，经过改善，在**发生次品的同时，或者达到产生次品的条件时，就会自动停止**。

否则，即使为了去除人工作业而实施了机械化、自动化，也只能减少人工作业，而不是去除。即次品的不断产生会影响经营，所以需要在机械旁安排看管人，那么自动化的意义又何在呢？

据我所知，有很多公司没有认真考虑自动化而盲目推进，反而使业绩滑坡。结果，虽然投入巨资实现了自动化，但并不能减少人员，去除人工操作。

此处列举一些无效的设备自动化类型。

7个表面自动化

· 因为重新调整困难，所以误认为只要保持运转率就能盈利的“**虚幻自动化**”

· 重重粉饰，只注重表面，只能减轻人工作业的“**助人自动化**”

· 次品产生时，会不断大量生产的“**不停止的自动化**”

· 希望其运转时，却偏偏频繁停止的“**频频停止自动化**”

· 脱离需求速度，以超快速度，且小孤岛方式大量生产库存的“**超特急自动化**”

· 不关注生产成本，一味膨胀技术梦想的“**游戏自动化**”

· 将能自动化的全部装备起来的“**浪费型的全自动化**”

人工作业自动化的改善步骤

一下子推进人工作业自动化是比较困难的。

因此，自动化的第一步是要区分“人工作业”和“机械作业”。

制造包括人、机械、物品，所以为了实现人、机械、物品的最佳组合，提高生产线整体效率的自动化，需要依次推动必要的人工作业的自动化。

具体的推进自动化的改善步骤可分为以下 10 个。

■第 1 阶段　加工自身的自动化

加工自身的自动化。例如，切削、弯曲、切断等。

■第 2 阶段　保持的自动化

用夹具固定产品，保持作业，自动夹紧。

■第 3 阶段　推送的自动化

机械推送作业的自动化。例如，在钻孔机上，用气缸等推送替代手动推送。

■第 4 阶段　停止的自动化

一般加工结束时停止。发生异常时立即停止。

■第 5 阶段　复位的自动化

结束后，自动将刀具、桌子等复位。

■第 6 阶段　取出的自动化

结束后，自动取出产品。

■第 7 阶段　质量管理（防呆装置）的自动化

自动检查本项工程的工程质量。

■第 8 阶段　安装的自动化

产品安装的自动化。

■第 9 阶段　启动的自动化

装上产品后自动启动。

■第 10 阶段　后项工程推送的自动化

前项工程结束后，自动将产品推送至后项工程。

③指示灯

工厂常与问题相伴。管理监督者需要掌握自己工厂是否一直正常运转。

此外，管理监督者的职责之一是，一旦发生异常，要立即恢复正常。让人一眼就能看到异常的工具是“指示灯”。

至于想用指示灯提示什么问题，这点因工厂及其管理者而异。如图 44 所示，根据其功能不同，指示灯一般可以分为**集中管理方式和分散管理方式两种**。

所谓集中管理方式，是指在有多条小型 U 字型生产线的工厂或长生产线的工厂，由于异常发生时难以确认发生在哪个工程，所以集中管理指示灯，以立即明确哪个工程或生产线在呼叫。

①集中管理方式（集中呼叫方式）的异常指示灯、需求指示灯

②分散管理方式（出租车方式）的命令指示灯

图44　指示灯(例)

另一方面，分散管理方式较为普遍，是各个生产线独立管理的方式。在各生产线、各工程设置指示灯。如果与指示灯一并使用警报器，那么各生产线最好设置不同的警报器声音。

此外，指示灯按其不同用途可分为异常指示灯、进度指示灯、需求指示灯、命令指示灯等。

异常指示灯提示生产线的异常。进度指示灯用于较长的生产线管理作业进展。需求指示灯用于提出需求，比如要求排列整齐、编组。最后的命令指示灯是级别最高的，用于表明生产线将要处理的商品，以及提出具体要求。顺便提一下，图 44 下方的照片是汽车厂商级别较高的命令指示灯。

④标准作业

在流程化生产时，必须规定作业的执行标准，这点自不待言。我们把这个标准称作标准作业（见图 45）。

出现次品和异常情况时，机械能够自动停止，同时通过机械和人分离的技术确立，为连续执行单位工程，**以人的操作为中心将作业方式标准化，以实现反复作业**，这就是标准作业。

为了进行流程化生产，需要按照消费者需求——作业周期来制订标准作业。这点很重要。

此处所说的“以人的操作为中心”与机械的运转无关，是将人的操作标准化。不受机械条件的限制，即使是速度不同的机械组合，也以人的操作为中心规定作业方法。

此外，如果作业动作每次都变化的话，那么就不会有改善需求，或者即使改善效果也甚微，所以应将人每次反复操作的作业组合标准化。这就是“反复作业”。

因此，我们所说的标准作业与生产技术者制定的作业标准、标准作业不同，是由现场决定，由作业人员指导并遵守的东西。

但是，实际的现场总是忙于处理各种检查项目和意外事故。结果，很多公司都是熟手以熟手的操作方法、新手以新手的操作方法进行作业，比较杂乱。

这样的公司没有标准作业。所以再怎么要求保证质量，也无济于事。

质量的关键是，在作业的标准化中，纳入打造质量的体系架构。很多情况都是增设检查员和指导书，以谋求质量改善，但这是保证质量的方法。

需要的是改善企业体质本身的积极策略。为此，需要现场的监督员深入生产线指导标准作业，训练作业人员。

此外，在准时生产方式中，明确区分了人执行的附加价值作业和设备机械执行的附加价值作业。因此，对于超出市场需求的各生产线能力，或者不能满足市场需求的生产线，首先应找到原因是人还是设备机械，然后采取对策。

这意味着加工时间不等于加工工时，以作业周期为基准判定各项工程的能力，找到改善的切入口，进行改善。因此，可以说标准作业是为了排除各种浪费，找到进一步提高附加价值的作业，达到整体同步的改善的原点。

标准作业是廉价、安全制造优质产品的作业方式。其不是固定不变的，必须常常随着改善活动的效果、作业人员的水平、产量的增减等，重新制订并进行管理。

每天将标准作业票和具体操作中难以执行之处、不便之处作为需进一步改善的内容进行处理，并不断改善。这点很重要。如此反复进行标准作业的改善，不断提升改善水准，公司的体质就会变强。

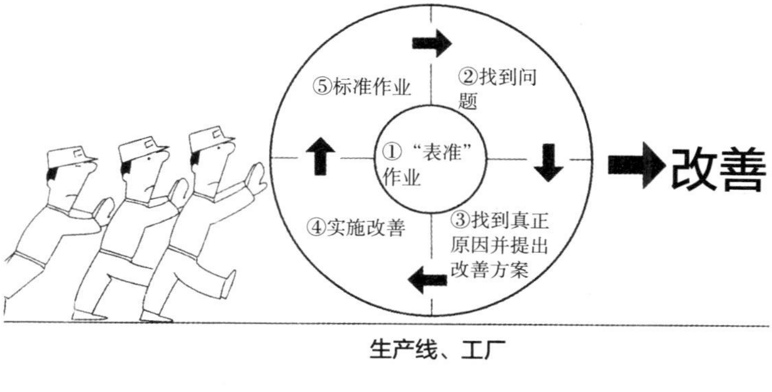

图45 标准作业的改善顺序

①“表准”作业：首先从“表面化”现状开始。

②找到问题点：以作业周期为基准，根据均衡性、作业性、偏差找到问题点。

③找到真正原因并提出改善方案：为了找到问题的真正原

因，必须在现场反复问“为什么”，然后找到真正原因，提出具体的改善方案。

④实施改善：在现场实施作业方法、作业组合、机械改良、布局变更等的改善。

⑤标准作业：将作业方法设定为标准作业并遵守。为了表明自己的意志，面向过道张贴标准作业票。

反复执行②至⑤，形成强力体质。

写明标准作业内容的标准作业票（图46）表明了以社长为首的管理监督者的意志，应作为视觉化管理的方法之一，张贴在面向各生产线一侧的过道。

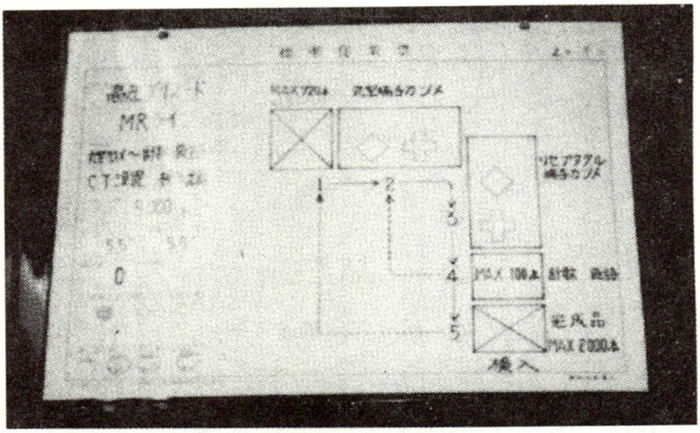

图46　标准作业票(例)

第 6 章

阶段 2　创建工程间的流程

跨组织的改善

阶段 1 实现了各工程内的流程化。即各工程由大批生产向流程化生产改善。今后，要逐步提升、扩大制造的流程化部分。

在阶段 2，需要将“半成品组装工程”“组件工程”“涂装工程”“零部件加工工程”等全部工程流程化。

首先，请参阅图 47，对工程间的流程将会发生怎样的变化有一个大致印象和感受。

然后，请参阅图 48，我们将讨论具体的改善。

阶段 1 将与消费者最接近的“组装工程”改善为流程化生产。本章的阶段 2 将“组装工程”的前项工程“半成品组装工程”搬至组装工程生产线的旁边。即使现在“半成品组装工程”与“组装工程”位于不同楼层，也要搬至旁边。否则，就不能形成一气贯通式流程。

即阶段 2 的改善将重组原有的按工程编组的布局，而形成新流程。所以，阶段 2 的改善将跨组织进行。

从组织角度讲，以前“组装工程”和“半成品组装工程”并没有关联起来，所以分别设有管理监督者。但是，现在组装工程生产线和半成品组装工程生产线相连接，所以 2 条生产线只需要 1 位管理监督者。

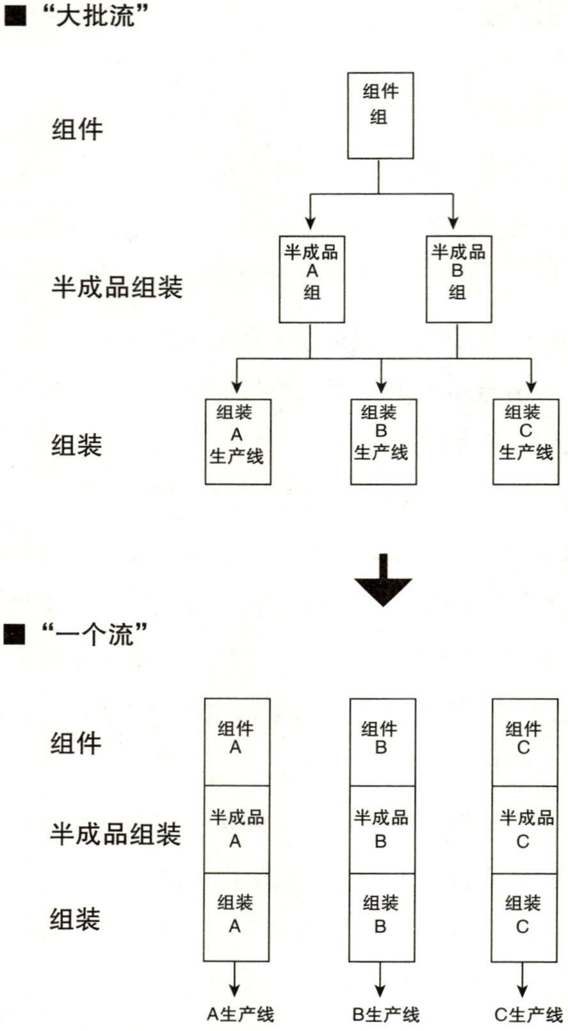
■“大批流”
组件
组件组
半成品组装
半成品A组
半成品B组
组装
组装A生产线
组装B生产线
组装C生产线
■“一个流”
组件
半成品组装
组装
组件A
半成品A
组装A
组件B
半成品B
组装B
组件C
半成品C
组装C
A生产线
B生产线
C生产线

图47　工程间的流程

此时会出现阶段1没有的组织问题和人员问题。一般而言，连接两个工程的新生产线的管理监督者由“组装工程”的管理监督者兼任。

但是，问题并不止于此，因为需要逐步将“组件工程”“涂装工程”“零部件加工工程”等相连接而形成一个流程，所以组织变更将是大规模的。

首先请社长做好思想准备。阶段2中由组织变更引起的人员问题将是巨大的。

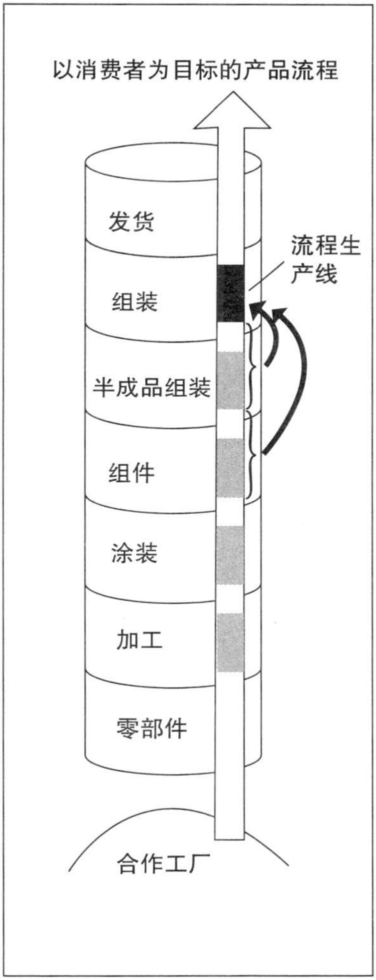

图48　阶段2的改善

按作业周期生产

为了“创设工程间流程”，需要将**所有工程与最终的组装速度同步**，这点很重要。

为此，需要按照最终组装的生产日程安排，将所有组件及半成品组装与最终组装同步。前文也有提及，所谓同步是指正好（just in time），工程时间正吻合，不快不慢。

此处所说的最终组装速度即消费者的需求速度，即销售速度，由下面的公式表示。

消费者的需求速度 = 作业周期 = 每日劳动时间（公司劳动时间）/ 每日必要数量（消费者的需求量）
每日必要数量 = 每月必要数量 / 每月工作天数

重要的是，与消费者最接近的最终组装速度应由以上公式决定。所以如果最终组装速度未遵守该公式，那么即使前项工程与之同步，也没有意义。顺便提一下，我们把**按照消费者的需求速度进行的生产称为按作业周期生产**。

按正常考虑，或许你会认为，“那据此制订生产计划不就行了吗”，但实际并不那么简单。

原因有两个。

第一，因为各工程能力存在差别，所以原本就不是同步的。

“组装工程”“半成品组装工程”“组件工程”“涂装工程”及“零部件加工工程”等各工程存在能力差。比如：设备切换调整时需要花费时间的工程、与之相反能在短时间内开始制造产品的工程等，各个工程制造 1 个产品所需的时间各不相同。

那么，怎么做才能在工程能力各不相同的情况下做到同步生产呢？这是一个问题。

答案是使各工程间的流程运转均衡化。此处所说的流程均衡运转的意思是，按照最终组装生产线的顺序将各工程同步。很多公司因为没能做到均衡化，所以只能大批生产。

上一章阶段 1 的均衡化是指将工程内各作业的能力差平均化，属于作业层次的均衡化。其同步化是指逐个生产时使各项作业的时间相吻合。

但是，阶段 2 需要按照消费者需求将所有工程均衡化、同步化生产。即均衡化和同步化的内容会随着改善层次的提高而不断变化。这点请先有所理解。

如图 49 所示，从每日的均衡化开始，提高均衡化的层次，达到单位生产的均衡化。

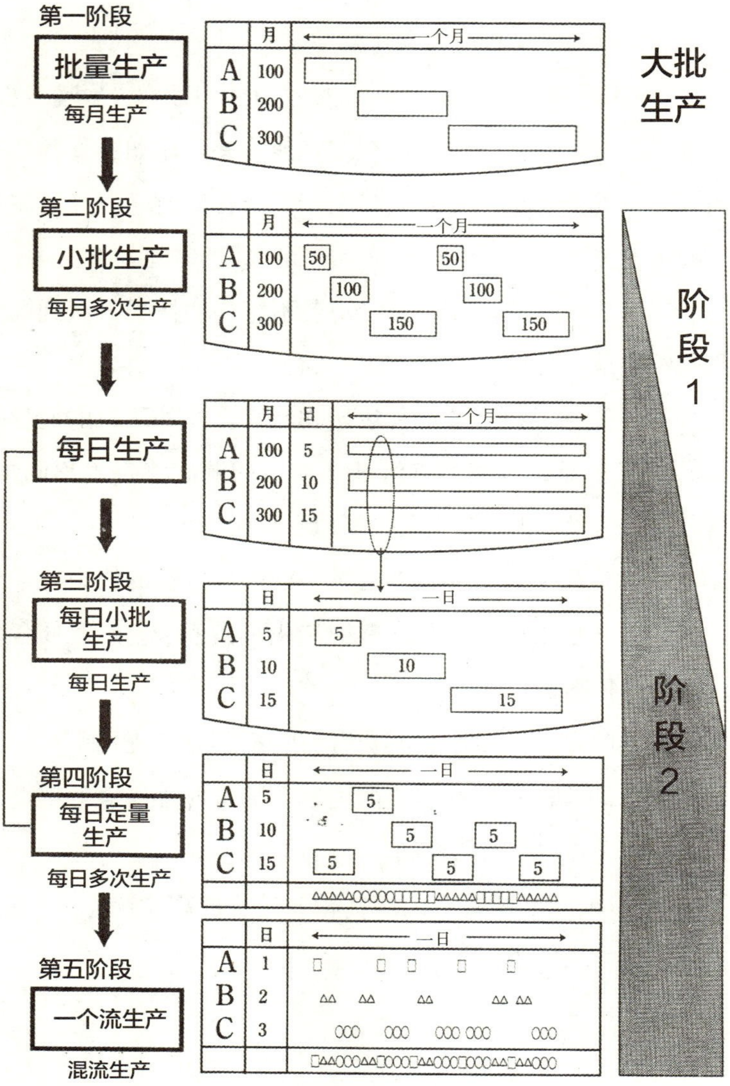

图49　均衡化生产的5个阶段

下面列举具体事例进行说明。

电机加工组装公司S的案例

S公司是拥有180名员工、年销售额50亿日元的电机加工组装公司。

以前，该公司所有工程都是大批生产。生产A商品需要数日才能完成。改善后，数十分钟就能完成。而且，由于建立了工程间的流程，各工程原有的中间库存也全部没有了。

那么，S公司进行了怎样的改善呢？

S公司主要制造家店商品使用的电源组件。

在实装电路板的表面安装IC和半导体，这需要被称作贴片机（电子厂实装零件机器）的价值1亿日元的昂贵设备。然后在这个昂贵设备安装的电路板上，手工安装各种零部件，加工、组装、检查后完成成品。

改善前，该公司从实装电路板的制造开始至商品完成的最后工程为止，都使用大型自动设备，大批生产实装电路板A、B、C。

而我在将各工程改善为流程化生产（阶段1的改善）后，将所有工程连接并同步化（阶段2的改善）。图50是实装电路板工程间的流程。

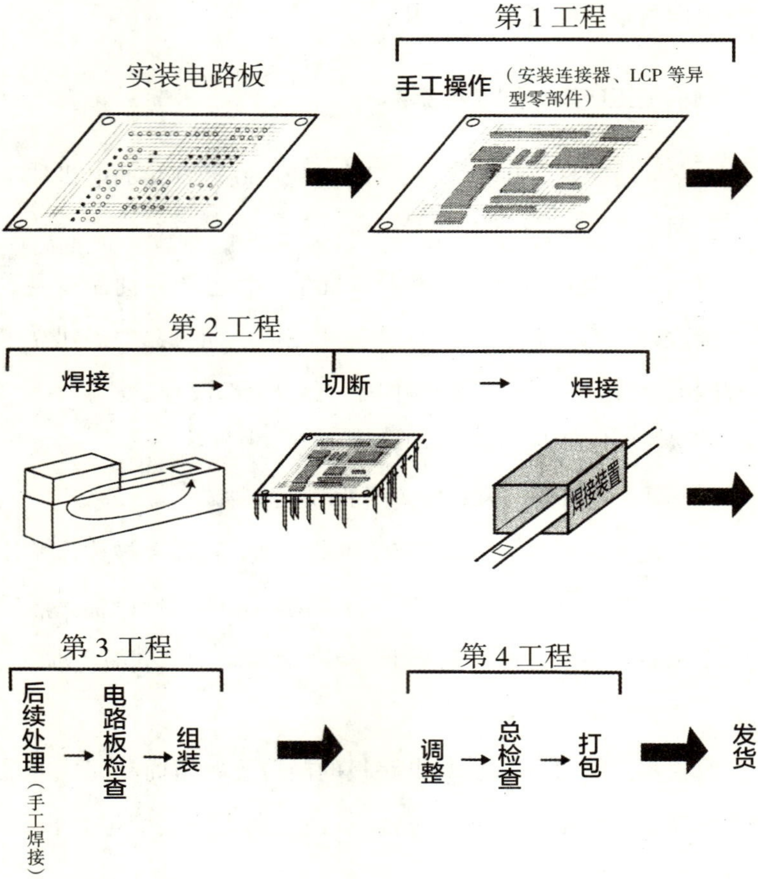

图 50　S 公司的改善(A 商品生产线)

具体而言，就是手工给大批生产的电路板安装连接器等异型零部件（第 1 工程），放入焊接装置切断底部后，再放入焊接装置（第 2 工程）。接下来，对于没有通过焊接装置的东西进行后续手工焊接，检查电路板、组装（第 3 工程），调整、总检查、打包（第 4 工程），最后发货。

将这 4 个工程同步，并将整体改善为流程化生产线。

图 50 中第 1 工程使用的电路板是由价值 1 亿日元的昂贵设备制造的。公司当然不可能给不同商品配备数个这样的昂贵设备。因此，这部分现在依然是大批生产。

改善中的问题点是各工程的能力差。

首先，第 2 工程焊接装置的切换调整需要花费时间。以前，因为很难切换调整，所以都是以数百片为单位进行制造的。为了以数片为单位进行生产，自然要增加切换调整的次数，所以必须缩短调整时间。

以数片为单位进行焊接意味着下一项切断作业也要以 A、B、C 轮换的顺序反复调整。所以，在工程间的流程创建中，设备之间的作业关系调整是个瓶颈。

那么，S 公司是怎么做的呢？

S 公司将第 1 至第 4 工程的生产线改为了按照不同系列设置的 A 商品系列、B 商品系列、C 商品系列等，并自己制造小型焊接设备，去除浪费。

图 51 是改善前和改善后的工厂形态。

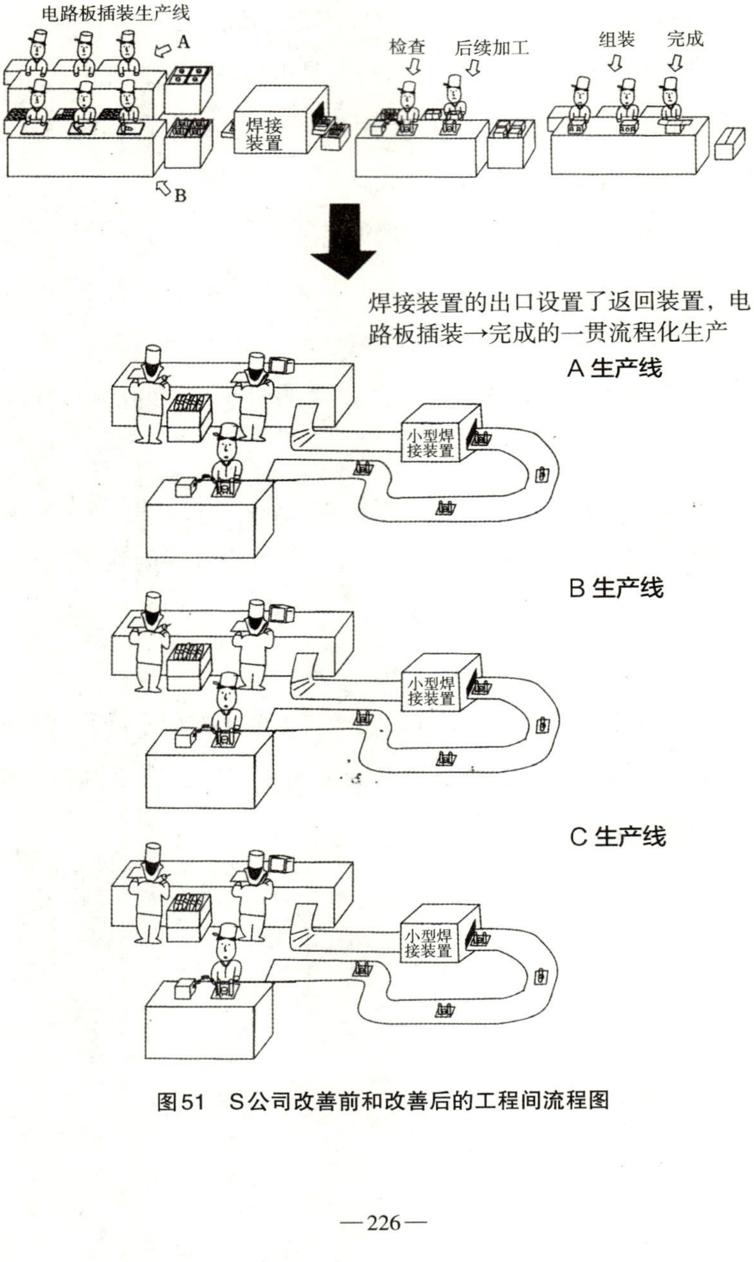

图51　S公司改善前和改善后的工程间流程图

一般而言，随着改善的推进，生产线会有所增加。但因为是小型生产线，所以总的设备投资成本会下降。前文也有谈及，现如今，不是根据机械设备创建生产线的时代，而**是使用具备必要功能的、廉价小型机器的小生产线更能应对变化的严峻时代**。

S 公司就是如此。阶段 2 最难的除了技术问题，还有人的技能问题。简而言之，如果不能教育、训练员工具备多项技能，就不可能将各工程连接起来。

因此，关于作业人员技能的改善，首先应设立较高的目标。为此要进行作业训练。但很多公司都在这一问题上受挫。很多社长和作业人员难以超越以往的经验水平。很多公司没法让熟练工掌握新的工作。作业人员自己也说“那样的工作，我根本无法完成”，而马上放弃。

但是，说这些话的作业人员下班时很多都是开车回家的。我可以断言，现场的标准化作业中没有比驾驶更难的操作。

驾驶需要同时用到眼、耳、手、足，而且还需要对突发状况做出判断。对于能做到如此高难度操作的人而言，没有什么现场作业是完成不了的。

只是，驾驶需要一对一培训 40 小时。而现场作业不需要 40 小时。

大部分的工作只需要以正确的教法培训 1 小时，之后花时间反复练习即可。

连接不同步的工程

从运入材料至“最终组装”，再到“打包发货”为止的各项工程的性质各不相同，所以有的工程很难与“最终组装”相同步。

例如，之前提及的 S 公司，使用 1 亿日元设备的工程只能采取批量生产。

下面，我们以一般的“机械加工”和“涂装组装”两项工程为例，说明各工程与“最终组装”同步的方法。

第一，机械加工工程。使用通用设备的工程需要中途切换调整。每单位时间的加工数量大于组装工程，但因为设备昂贵，只能配备最低台数。因此总的生产能力相对组装而言显得不足。为了弥补生产能力的不足，很多时候只能采取 2 班倒、3 班倒工作制，或者休息日加班完成。

“涂装工程”切换调整所需的时间非常短，而且有充足的生产能力，但是时常发生积灰、擦碰、色差等质量问题。

而“组装工程”按照与销售联动的生产计划进行，由于外购厂商的零部件有时会延迟交货或者有次品，所以有时必须在交付前改变生产顺序。

在难以同步的时候，需要将相互间不同步的工程连接起来，如一个工程一般。

这需要好好考虑各工程的物品放置方法和信息传递方式，使原本不同步的工程变得同步，流水作业。

首先，请考虑“机械加工工程”“涂装工程”“组装工程”等工程各自的生产指示方法。

我认为机械加工的生产指示可使用“看板”。

由于生产能力不足，难以均衡化，所以在现有阶段难以和组装生产线同步。而设备切换调整的改善做得还不够，所以难以快速应对突然发生的变化。遗憾的是，这样的状况至今依然存在。

“看板”是丰田汽车原副社长，已故的大野耐一创设的机制。大野在美国考察超市时，看到消费者将需要的物品不断自由地放入购物车，然后店员不断补充被买走的货物，由此得到了启示。这就是第 3 章“为社长进行的整顿”中说明的“后项工程自取方式”。

即机械加工工程的终端需要预先对所需机械加工零件进行多品种、少量生产。在确认后项工程取走的零部件后，补充生产该产品。如果在生产线终端放置所有已生产的产品，就可以一目了然地做出判断。而实际上，很多企业会因场所狭小、产品体积大等种种理由，难以将所有产品全部放置在生产线终端显眼的地方。

这时，必须将成品搬至其他看不到的地方。然后，在这些成品上装上看板，后项工程取走时，就摘下看板。这样，就可以知晓什么物品被取走了。这就是“看板机制”。

使用这个看板机制后，即便生产能力有差别，也可以不制造多余产品，并且不延迟交货。

“看板”有两种。一是第3章“视觉化的‘5S’的步骤”中所述的作为表示方法的“看板”（日语汉字书写为“看板”）。二是作为准时生产方式的信息管理方法之一的“看板”（日语假名书写为“かんばん”）。

“看板”是重要的机制之一。后续会进一步详细讨论。

第二，涂装工程。涂装工程的生产指示应比组装工程的生产计划稍稍提前，并持有少量库存。原本应该与组装计划完全同步，提供涂装成品，但遗憾的是，涂装工程存在质量问题。

如果完全同步提供产品，一旦出现次品就会使组装生产线停滞。目前完全同步的供给还做不到，所以需要持有库存。

此外，由于比组装生产线的生产计划稍稍提前，所以有充足的时间备齐所有需要的产品。

即使生产了次品，也能在发现后利用那段充裕时间进行调整，备齐所有成品。这听起来很简单，但实际上为了确保涂装的质量，需要多方面的管理，非常困难。

首先，如果次品多发的话，一开始就会进展不顺。对于涂装质量而言，环境整备等基础部分非常重要，所以必须做好5S。涂装空间内需清除一切不需要的物品，而且各个角落都需清扫干净。

这个很重要，所以我想详细说明一下5S的清扫。清扫的最高境界是即使不清扫也能一直保持干净的状态。

现场什么东西最容易起灰尘呢？第一是物品。物品一多，就会杂乱不堪、积满灰尘，因此需要整理。但是如果物品怎么方便怎么放置的话，很快就会恢复原状，为此需要整顿。

在彻底整理、整顿的基础上进行的清扫，不论花多少时间都要彻底执行。此处以涂装车间为例。

首先，观察场地内的所有物品，去除黏附上的涂料。不可说什么“反正每天都会沾染上，就那么放着吧”，而要彻底清除。这样一来，参加清扫的员工就会知道涂料喷枪周围黏附的涂料会飞散至整个空间，空间内放置的中间产品，自然也会黏附油漆的漂浮物。

在清扫过程中，会从油漆渣滓的黏附想象场地内的空气流动，但实际做了以后会发现，很多情况会与想象的有很大不同。

例如，擦拭地板时发现本该用水就能清洁的部分黏附上了厚厚的涂料。或者，在过滤器的清洁过程中发现了重度污渍，由此可知作业人员并没有遵守过滤器替换规定。

通过这样的彻底清洁，自以为发现了，但实际上没有发现的问题会不断暴露出来。

我觉得，这些并非有意但已形成习惯的马虎清扫，需要社长亲自参与去加以改变。

涂装难就难在质量的打造，如果认为最后的润色修正作业也是不得已而为之的话，则质量改善是不可能降低成本的。很多工厂的涂装成本中比起喷涂时间，修正时间占的比重要多得多。这是因为从清扫的基本点开始，员工们就一直理解错误。

通过这一系列过程，员工就会意识到各自存在的问题点。这样一来，就能想出很多对策。为了防止涂料的飞散，可以局部覆盖。为了控制空气的流动，可以安装木板。这些都是可以马上做到的。至于过滤器的清扫等谁都难以注意到的、易被忽略的问题，则可以规定替换频率并设立负责人，只要认真核对就可以马上解决。图 52 照片中右下方的表现方式就是视觉化管理核对表的方式。

当然，这些改善方案并不能解决所有问题。但是，可以通过实践这些最基本的项目，让所有员工切身理解、改善所存在的问题点，为下一个更高层次的改善做好准备。

通过这些改善，产品质量比以前获得了大幅改善，但仍然会产生问题。于是，谁都知道接下来将要进行其他问题的探讨，然后开始进一步研究。

图52　核对表的视觉化管理(例)

然而，如果中间产品长期滞留，那么即使清扫做得再彻底、再注意，还是会沾染灰尘。所以需要在开始作业后，以极短的时间完成制造，缩短前置时间。

此外，要想达到公认的高级别质量（高尖端质量）的话，需要提高作业人员的技能水平。所以需要不断进行作业训练，以提高全体员工的技能水平。

当场检查加工中或者制造完成的产品时，如果有不合格处，应当即返回制造现场修正。

如此，涂装工程比最终的组装计划稍稍提前，备齐产品，放置于工程末端，以便让后项组装工程在必要时前来取走。

前面也有提及，最后的组装生产线是根据消费者的需求速度（作业周期）制订生产指示进行生产的。

关键是根据必要的作业周期确定组装速度。

例如，使用传送带进行组装时，速度控制比较简单。此外，需要利用声音和光等形式设置提示所需速度的装置，或者能比较生产预定数量和生产实际数量的看板。图 52 照片的左上部分就是显示预定数量和实际数量的装置。

此外，为了让组装工程按照作业周期时间有节奏地持续制造产品，零部件的提供必须准时。为此需要研究搬运方法。

单条生产线可以在多工程生产线上逐个加工、组装，流水化制造产品。当然，前后工程必须根据作业周期进行同步，一旦发现问题，自动停止生产，不会造成过度生产。但是，为了实现整体的准时化生产，在有一定距离的生产工程之间，需要根据后项工程的需要，进行及时关联各工程的物品搬运。

质量的打造

如果经常出现必须返工的大量次品的话，流程是不可能创建的。即使出现次品，也只能是简单修理即可的轻度次品。

所以，日常产生的次品需要立即反馈给生产现场，快速处理。然后，反复问“5个为什么”，搞清原因，采取根本性的防止对策。

重要的是，在快速反馈、快速处理的即时应对后，反复问“5个为什么”，采取本质性的源流对策。

为此，首先应在发生质量问题后立即“当场逮捕罪犯”。

为什么呢？如果对于发现的问题，后项工程的人认为“把次品返回前项工程也是浪费时间，正好自己现在闲着”而自行修理的话，那么次品会一直持续发生。

很久前制造的次品，即使在最终工程阶段被发现，再去追究原因也已为时已晚。所以还是应该在发生后立即调查。

之前制造的成品都是合格的，突然发现一个不合格品，这说明与制造前一个产品时相比，发生了某些变化。

那么，其偏差究竟是什么呢？如果是在刚产生次品之后，应该能够马上搞清楚。如此，将原因锁定，当场予以改善的话，就能够阻止下一个问题的发生。

接下来，请按照图53所示，作为质量问题的对策，反复问“5

个为什么”，考虑本质性的源流对策。此时，需要准备好数十张用于书写“为什么”的纸张，逐一按顺序回答，这样一定能够找到对策。如果找到了，就可以采取本质性的恒久对策，而不是简单的应急处置。

如此反复进行的话，必定能够打造过硬的质量。次品，特别是需要大面积修复的次品将会减少，只有轻度次品会偶尔发生。减少次品的信息流程如图54所示。

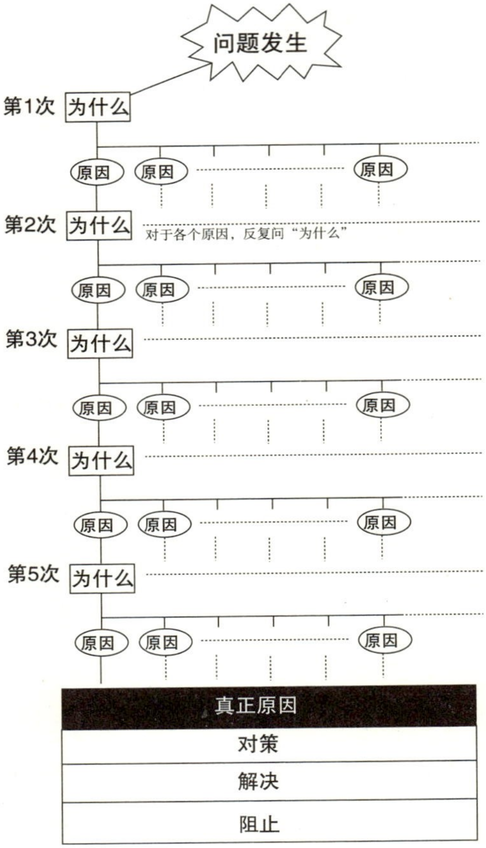

图53　5个为什么

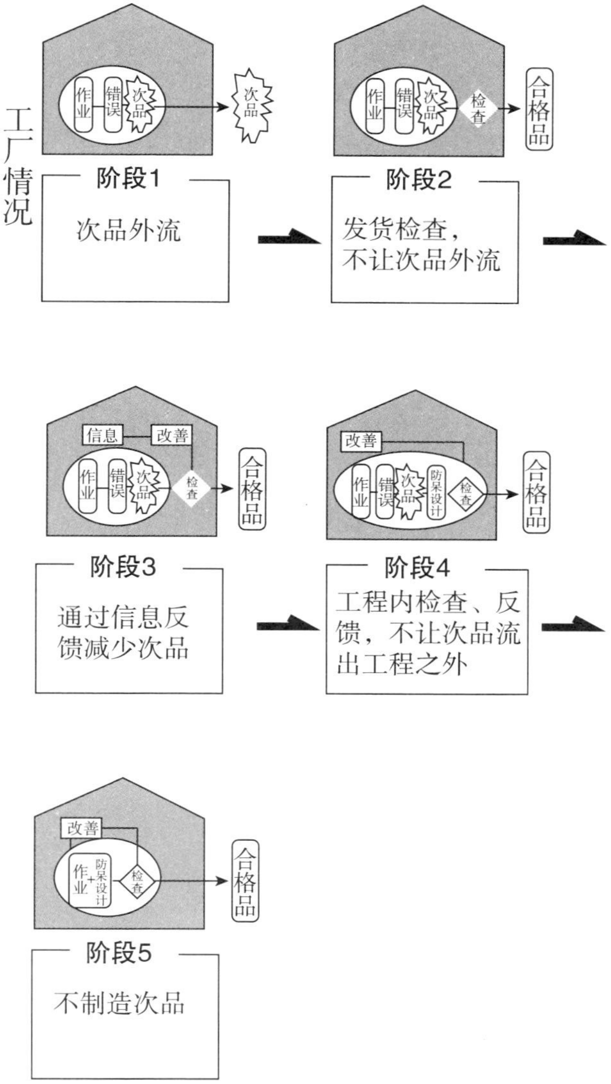

图54　减少次品的信息流程

现场的自律调整功能

创建工程间流程较为困难的另一个原因是，由于实际生产现场总会不断出现各种问题，所以不能简单地按照生产计划进行制造。

生产现场总是不断出现“合作厂商没有按计划送货”“送来的是次品”“作业人员临时请假”等司空见惯的问题。

但是，不可能每次发生问题都重新制订生产计划，因为根本来不及。所以就需要建立一种体系，即使出现这样那样的问题，也能在现场轻松应对。

但是，怎么做才能合理应对这些突发的变化呢？不可能每次发生问题，都召集全员商议对策。

人的大脑是具有很多功能的非常复杂的器官。从日常生活的角度来看，其最大功能就是“思考”和“反射”。

在深入思考某件事时，一不留神触碰到了发烫的东西，人就会瞬间缩回手，这个举动不是思考的结果，而是反射。

生产也需要与人的大脑相同的两种功能。

“思考”相当于为了让所有工程与最终组装工程同步而制订的生产计划。“反射”则相当于发生变化时，生产现场的自律性调整功能。

作为自律调整功能发挥作用的是第 3 章谈及 5S 时指出的“后

项工程自取方式”。

在此需要大家考虑一下，为了能在需要的时候提供所需数量的必要辅助零部件，最终组装生产线一侧该采取怎样的摆放方式。

首先，各工程之间是相连的。如果距离远就需要搬运。

如图 55 所示，作为生产线内的标准库存，1 ~ 2 个半成品零部件的成品以后项工程易取的方式摆放在最终组装生产线的一侧。

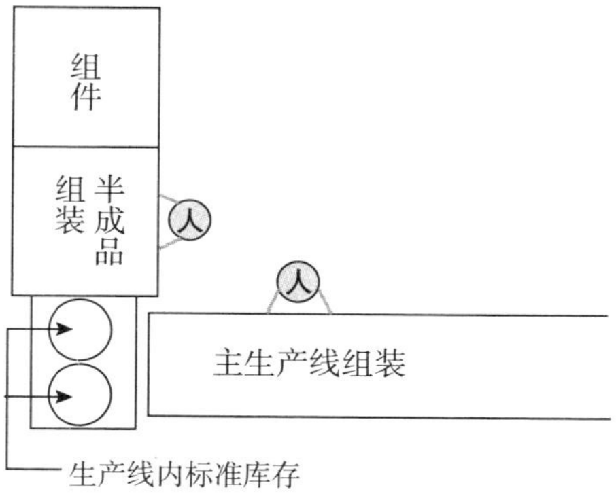

图 55　生产线内标准库存

该场所能摆放的总数量不过 1 ~ 2 个。如果摆满了，半成品零部件组装工程的作业人员就会停止作业，以免造成生产过度的浪费。这就是后项工程自取方式。

最终组装工程与半成品零部件组装工程相连，作业人员可以在两个工程间往来。产量多的时候，作业人员在各自的工程内完成作业，产量少的时候，1 位作业人员就可负责所有工程，进行作业。

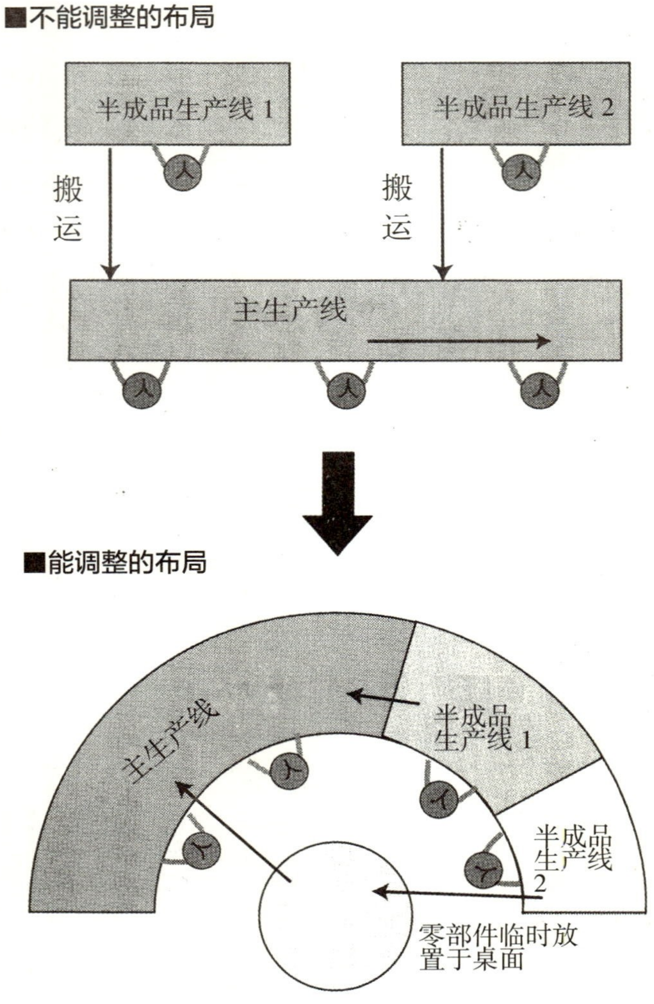

1 位作业人员可完成生产
布局改善前需 5 个人完成的产量，现在 4 个人就能完成

图 56　能根据所需产量调整人员配备的生产布局

由此，可以根据产量，按比例分配作业人员。图 56 是一个例子，分别列出了能根据产量调整人员配备的生产布局和不能调整的生产布局。

由于工程内流程顺畅，所以作业效率提高、库存减少、生产前置时间大幅缩短。

替补作业和替补作业人员

改善进行到这儿，人员会不断出现冗余。此时，公司将面临如何处理多余人手的课题。

例如，某生产线由两位员工操作，其中 1 人负担 1 天的工作量，另外 1 人只负担半天的工作量。即出现了 0.5 人没有工作的情况。一般而言，其他生产线也会有这样的零头，把所有这些零头相加，依然会出现零头。

简而言之，生产线按照作业周期进行制造。相对工作量而言，如果作业人员的数量稍有富余，就会产生人员待机情况。

此时，公司需要判断，是让作业人员完全待机呢，还是让其从事与生产线无关的零星工作，即替补作业。顺便提一下，丰田公司以“补缺”来形容替补作业。

如果是 2.9 人的工作量，可以富余出 0.1 人的补缺作业。但如果是 2.1 人的工作量，则不可能有 0.9 的补缺作业。此时人员设定为 2 人，不足的 0.1 人的工作量由替补作业人员完成。

一般而言，替补作业人员以替补作业为主要工作，但有时也可由生产线的管理人员兼任。

此处重要的是，如果公司对这些零头作业放任不管的话，作业人员自然会将这些空余时间用于生产线作业。那么，当有大量订单时，作业人员会毫不在乎地回答“以这点人数是完不成工作的”。

如果公司相信了作业人员的话，而轻易增加人手，则不可能盈利。公司的正确判断应是经常让作业人员的工作量达到满负荷状态，即如果是不足1天的工作量，就为其追加替补作业，让其保持满工作量的状态。这样的话，一旦生产繁忙，就可去掉替补作业令其完成主要生产，而不必盲目增加人员。

因此，在改善推进之初，就应该将以前外包的工作内容不断调整为在公司内部完成。

原本，制造成本中最大的部分就是劳务费。而这部分基本上多为固定费用。

也有社长会说，“我们公司雇用零工，所以劳务费不是固定费用，而是变动费用”。但实际去现场一看，会发现作业人员的安排都是极为固定的，由于作业分配方式欠妥，所以很多员工都是待机状态。

这样的话，工作量无论是大是小，零工的人事费也是固定的。那么，即使再怎么使用零工也不可能产生竞争力。

希望社长明确人员的安排方式。关键是让员工以充实度100%的方式持续增加附加价值。

但前提是不制造任何多余产品。从阶段2起，需要按照消费者需求（作业周期）制造所需产品。为此，无论是怎样的产品，都需要具备能满足1位或者1位以上作业人员进行生产制造的布局环境，并对作业人员进行相应的训练。

这就需要建立如图 56 所示的，能按照所需产量自由调整人员配备的体系。

顺便提一下，若作业人员被封闭于一个狭小的区域内作业，无论产量有多小，都不可能离开去支援别的作业的布局，这也被称为“小孤岛”或“笼中之鸟”。以这样的方式进行生产，作业人员的配置只能是完全固定的。

所谓好的生产布局是指没有小孤岛，在描绘连接各工程的动线时可一笔而就，非常顺畅。

社长需要好好研究能将固定费用的劳务费作为变动费用处理的制造业的经营构造。

为了产出利润，需要大幅降低图 57 所示的盈亏平衡点。

现在的时代面临着销售额和售价都降低的严峻情况。

为此，只能将固定费用和变动费用都降低。此处所说的就是这样一种对策。

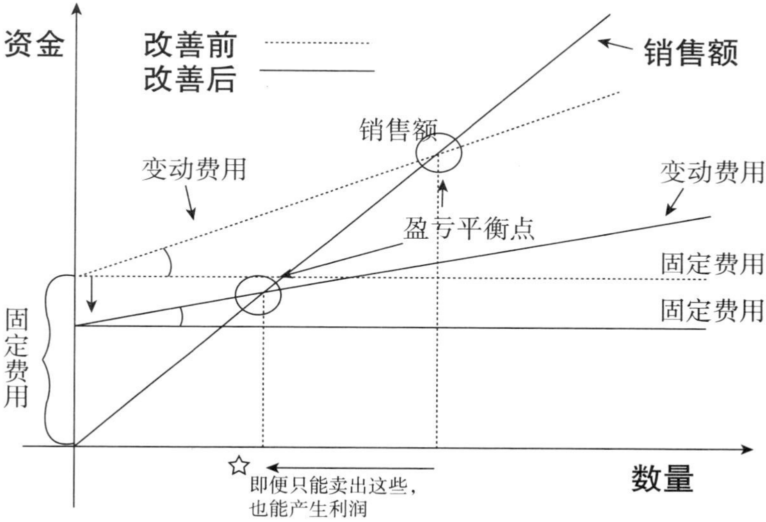
资金
改善前
改善后
销售额
销售额
变动费用
变动费用
盈亏平衡点
固定费用
固定费用
固定费用
数量
即便只能卖出这些，
也能产生利润

图57　降低盈亏平衡点

程序改善

接下来围绕创建工程间流程的瓶颈之一——程序切换来谈一谈具体的改善方法。

我将程序切换理解为对再现性的追求。

用语言表达很难，所以我举以下例子，以让现场易于理解。

※

某工厂制造 P 和 Q 两种产品。

冲压工程的操作员 A 交替进行 P 和 Q 两种作业。现在 A 正在生产 P 产品，这时 B 课长过来了，说道："A，事发突然，你能不能紧急生产 Q 呢？"

听到上司的命令，A 停止了 P 的生产，取下金属模型。然后搬来 Q 的金属模型，正要安装时，B 课长又说："A，抱歉，还是接着生产 P 吧。"

因为是课长的命令，A 立即将好不容易准备好的 Q 金属模型放回原处，重新安装 P 的金属模型后开始生产 P 产品。这么一来，就产生了 30 分钟的损失。

第二天，B 课长又来到了 A 的旁边。

"A，昨天很抱歉，现在能不能生产 Q？"

A 立即和昨天一样，取下 P 的金属模型开始安装 Q 的金属模型。但是，令人惊讶的是，B 课长接着又说了和昨天一样的话。

“A，抱歉，还是生产 P 吧。”

A 气得满脸通红，课长却平静地发出指令。因为是上司的命令，所以不得不服从。A 不情愿地将金属模型复位，重新开始生产 P。

第二天早上，A 想：“B 课长今天一定还会来这儿发布同样的命令。闷声听着也让人生气，所以今天我就先做好准备吧。”

课长一定还会先让 A 取下 P 的金属模型，然后马上又让其复位。所以，A 一开始就在原来的位置做好标记，即便取下也能马上恢复。这样的话，就不会产生前两天的意外损失。

于是，A 对准现在的位置安上了一次性筷子、塑料瓶、螺帽，然后为了不搞错紧固用的扳手，将整个一套工具都涂上了不同颜色，以能够立即重新装上金属模型。

此外，为了能立即放回解开的台车，A 事先将台车调成与冲压机一样的高度，以便之后能轻松应对变化。

准备好了这些，就只待 B 课长的到来。这时，毫不知情的课长过来了，说道：“这两天真的很抱歉。今天真的要生产 Q。”A 很兴奋，等待课长再次发出程序切换的指示。

※

怎么样？这就是程序切换的改善。

关键是如何提高再现性。实际上很多工厂处理的产品品种会更多，或者要求的精密度会更高。但这里讨论的不是数量的问题，而是策略本身。

我经常在现场向大家介绍这样简单的案例。原因是，关于程序切换的复杂说明有很多，如果只是去看这些说明，作业人员自发的创意就会变少。关于这个问题，后文还会涉及。首先希望大家通过这个例子加深印象。

关于之前谈及的准备，将通过以下的切换改善的规则予以说明。

■切换改善的规则

①认真观察所有切换作业，把握作业情况（测定时间、分析动作等）

② 5S 的检查

· 实施整理、整顿、清扫

· 实施改善，制作切换用的台车

③区分设定切换（内程序和外程序）

④将内程序转换为外程序

⑤内程序作业的改善

⑥外程序作业的改善

内程序和外程序

接下来说明内程序和外程序。

缩短切换时间的目的是减少切换对生产时间的影响。为此，我们将切换作业分为必须停止生产进行的作业和可以提前做好准备的作业。只要将可提前做好的预先完成即可。

然后，**我们将必须停止生产进行的切换称为“内程序”，将不必停止生产，可提前做好准备的切换称为“外程序”**。

关于切换时间，经常有人会问：“做到快速切换（用时不足10分钟）了吗？”这里指的是内程序的时间。外程序需要的时间不包括在内。

所谓内程序时间，是指停止生产进行切换所需的时间，而不是所需的工时。即4个人进行切换要花9分钟，其总工时是36分钟，但是切换时间为9分钟。谈到与生产相关的人工成本，1个人36分钟与4个人9分钟是一样的，都是36分钟的工时，但谈到切换时间，则内程序时间越短越好，所以4个人9分钟更好。

下面谈一下外程序和内程序的关系。

例如，车站自动售票机前面有很多人在排队。大部分人在轮到自己前，会先看好目的地、了解票价，并预先从钱包取出所需金额。然后，轮到自己时，迅速购买车票。

但是，也有人在轮到自己之前只是呆呆地排队，轮到自己后，才开始看目的地、票价，然后慢慢地从口袋掏出钱包，取出钱币。

①自动贴片装置的外程序化（左）频率高（右）频率低

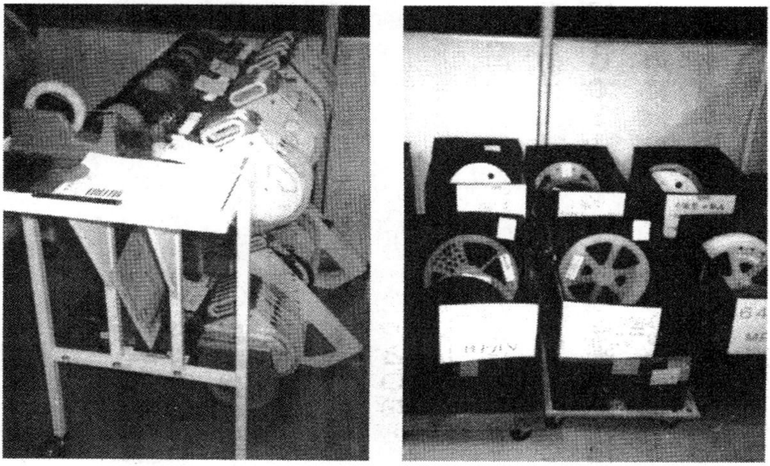

②为切换进行的5S

图58　切换的改善案例

这样的人会给周围的人带来很多麻烦。普通人和“二愣子”的工作内容完全是一样的。看好目的地、了解价格、从口袋取出钱包、取出钱币、用钱购买车票，这些动作都是相同的。所不同的仅是工作的时机。

这就是外程序和内程序的关系。

此外，始终做好外程序的一切准备工作，一旦开始切换，以最短的内程序时间迅速完成作业，然后马上开始下一个商品的生产。

经济批量和程序改善

进行切换的改善时，经常会有人提出以下两个问题。

一个是如何考虑经济批量的问题。另一个问题是因为好不容易缩短了切换的时间，所以比起把这个时间用于增加调整的次数，是不是用于提高生产率更好？

请参考图 59。

经济批量是 IE（工业工程，Industrial Engineering）教材必有的内容。切换时间一定时，增大批量数的话，一方面会增加一定的库存，另一方面产品的平均切换时间会变少。

这两个变数的组合中，成本最低的批量数被称为**经济批量**。

关于经济批量，我完全不予考虑。因为经济批量只是计算的效率，不过是以库存量来降低成本而已，完全没有考虑流程的要素。

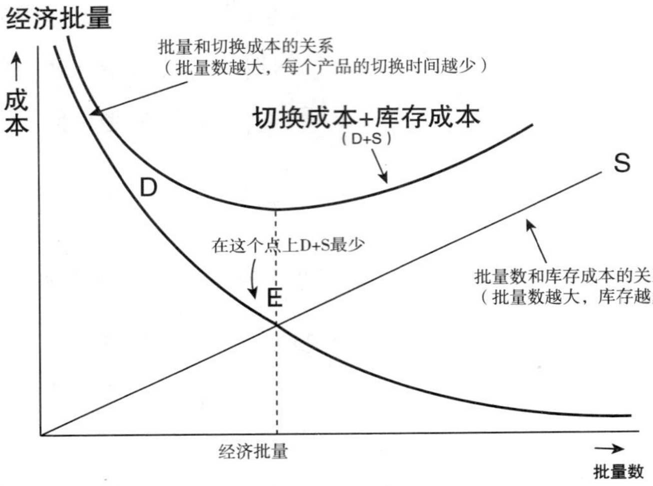

图59　经济批量

批量大小是由市场需求决定的，而不是成本计算。可以说，这种计算方式正是大批生产的思考方式本身。

而且，这个计算是以切换时间不变为前提的，随着调整改善的推进，所花的时间必定会减少，所以这个计算得出的数值本身就没有意义。

我想读者已经明白了，将缩短的切换时间用于生产，只能加速并大量制造不需要的产品。表面效率或许会有所提升，但对工厂整体而言，有百害而无一利。

创建工程间流程的机制

1. 看板

准时化生产方式使用的是“后项工程自取方式”，即后项工程仅在需要的时候从前项工程取走必要数量的所需产品。

这个方式与按计划生产的生产方式有很大不同。计划生产中，前项工程按计划生产，并将产品交付后项工程，即“前项工程送达方式”。

世上没有哪个制造业能始终不改变计划进行制造。因此，需要建立能应对内外种种原因引起的变化且不产生损失的制造机制。

现场是活的。现场本身具有能即时应对时刻发生的变化的自律神经，看板发挥着自律神经的部分作用。但是，看板不是万能药。

很多制造业都曾用过看板。但是，由于没有理解看板的本质，现在仍在使用的公司比较少。

那是为什么呢？可以说这是因为盲目相信看板，期待其发挥更多作用。

看板与“领取信息”“开工信息”“库存管理”等一起作为控制过度制造的改善工具，需要注意使用方式。

看板与实物一同使用，具有以下功能。

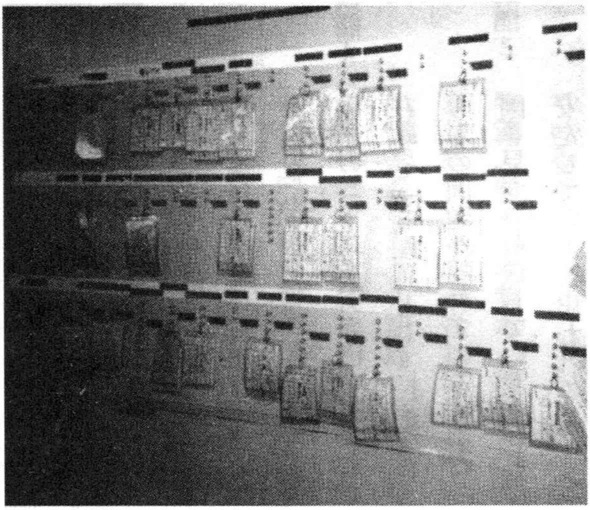

下面照片中的“看板”被摘下后，粘贴于上方的板面上，进行视觉化管理

图60　看板(例)

功能 1　不能过度加工、过度购买

后项工程自取方式的生产只加工、购买被取走的物品的数量。只要后项工程不取走，加工、购买就会自动停止，不会产生多余库存。

功能 2　确定加工、购买的优先顺序

按照后项工程领取的顺序生产、购买，所以“生产的物品”“数量”“顺序”等优先级是确定的。

功能 3　实物的视觉化管理变得容易

因为看板与实物一致，各看板的数量、看板的发放个数、实物的打包、实物的放置方式等是确定的，所以库存管理变得更为容易。

功能 4　用作激起改善需求的工具

很多企业都是因为担心才持有库存。所以企业内部必然隐藏着与库存数量相当的问题，需要不断探究这些浪费产生的原因，多问几个“为什么”，找到真正原因并予以解决。

即使看似很稳定的生产线，也会因看板的逐个减少而产生次品和生产线停滞的问题。此时重要的不是恢复原有的看板数量，而是通过改善暴露出来的问题，使得即使减少看板也能令生产线保持稳定。然后再减少看板。看板就是这样一个不断激起改善需求的工具。

功能 5　分开管理物流（商流、实物流、信息流）

随着多品种小批生产的进行，有关交易的验收票据的增多

（商流）、实物的减少（实物流）、出入库的高频率化（信息流）等有关物流的业务容易变得繁杂。看板能根据这些要求，以每月、每周、每日、即时等各种方式分开管理物流。

运用看板的 1 ~ 5 项功能，还可进行以下事项的视觉化管理。

①本工程的能力 / 负荷情况

②本工程的库存维持

③后项工程的作业进展程度

④后项工程自取的强弱

⑤前项工程的供给能力

⑥前项工程的库存维持

看板的数量越少、库存越少，流程也就变得越顺畅。其关键是切换所需的时间。

2. 搬运

不可将搬运理解为距离较远的生产线之间的简单的物体移动方法。工厂内相距数十米的加工、组装工程之间，合作工厂之间的零部件提供、成品交货等，都应像同一条生产线一样，将各生产线及时、适时相连。搬运需要具备这样的功能。

功能 1　多次传递信息

以最快的速度将时刻变化的后项工程生产线的生产信息传递给前项工程的生产线，这点很重要。前项工程的生产线需要对这些信息做出即时的生产应对（增减、停止）。

多次信息传递可通过多次搬运完成。多次搬运方法是指数次少量搬运。如果只是搬到一个地点，则会造成浪费，所以采取同时搬运多处的方法，就需要混装少量相关零部件，并同时取回成品。

功能 2　减少库存

为了在速度各不相同的几条生产线中同时使用多种零部件，最大限度地维持生产，且以最少量的库存应对，需要混装搬运。

混装搬运是根据后项工程生产线的领取条件（品种、数量、时间），在同一搬运车上混装数条生产线所需的零部件，然后搬运的方法。由此，可以将后项工程生产线所需的零部件库存降至最少。

功能 3　削减库存产生的各项费用

后项工程生产线的消耗速度和零部件供给时间不同步时，后项工程生产线一侧就需要设置一个临时放置处。为了削减这些库存产生的各项费用（空间、底座、托盘、箱子、管理、供应方等），需要直接搬运。直接搬运最重要的是根据使用方的条件（品种、数量、时间、包装外形、提供场所）提供服务。

功能 4　靠专家降低物流成本

搬运作业本身就是一种浪费。因此，为了从表面上消除这些浪费，很多工厂将此工作分散于各工程内。实际上，仓库负责人、生产线负责人、生产线作业人员等共同分担、进行着这项没有效率的作业。为了从根本上降低物流成本，需要搬运业务的专家，在满足工程间搬运条件的前提下进行改善，逐步降低物流成本。这点很重要。搬运的专家也被称为“上料员”“专业物流编组人员”。

■工厂间物流编组员：负责工厂之间的同步，专门负责工厂间的物流。

■工厂内物流编组员（上料员）：负责工厂内各生产线之间的同步，专门负责工厂内的物流。

■工程内物流编组员（上料员）：负责向生产线内的各工程提供零部件，专门负责生产线内的物流。

搬运方法

搬运方法有以数量为基准的方法和以时间为基准的方法。根据具体情况采用相应方法即可。

①定时定量的搬运

消耗时间及消耗数量一定时的领取、供给方式。条件是日常生产非常稳定。不是一般常用方法。

多用于现场使用的辅料（油、洗剂、溶剂）等的领取和供给。

②定时、不定量的搬运

时间一定、消耗量变化时的领取、供给方式。定期搬运方法是在同一时间前往各生产线、各工厂，取走其间完成的成品，提供消耗掉的必要材料的方法。

多用于工厂内成品的领取、小型零部件（螺丝、垫圈、弹簧）等的领取和供给。

③不定时、定量的搬运

准时化生产的基本概念。以“必要时候取走必要数量的必要物品”为原则的领取、供给方式。

消耗一定数量后，即刻前往前项工程领取规定数量物品的方法。

因此，领取的时间以被消耗掉为准。如果消耗出于某种原因而停止了，领取就会停止，前项工程也会自动停止。

一般用于工厂内外的领取、供给。

工厂内使用看板、箱式看板或指示灯。

工厂之间，提高卡车装载效率，或者外购品等采用订购点、二级仓库管理方式时，也使用这个方法。

④不定时、不定量的搬运

消耗时间、数量不确定时的领取、供给方式。

根据指示灯等，在必要的时候提供必要数量物品的供给方式，消耗时间和数量不确定时的领取、供给方式。用于 PCB 包装作业的零部件提供等。

第 7 章

阶段 3　创建工厂内的流程

工厂从按功能布局到按产品布局

阶段3是创建工厂内的流程。

到阶段2为止，以工程内、工程间的连接等技术策略为中心进行了改善。从阶段3开始，将以目前为止的改善结果为基础，急剧改变经营策略。

即目前为止按功能布局的工厂，从阶段3开始，需要转换为以从原材料到产品的流程为中心的按产品布局的工厂。

其理由是，在经济上扬期，即产品导向的时代，以“分工”为基准的功能布局是有效的。

但是，当时代从产品导向的经营法向市场导向的经营法转变，在需要快速、多品种少批量应对的时代，按功能布局的缺点——“不够流畅、不够快速”已成为经营枷锁。因此，企业经营需要向强化流畅度和速度的按产品布局的方式转换。

不过，按功能布局的优点部分需要保留。例如，研究公司核心要素技术的部门、确保核心质量的部门等需要保留，并进一步强化功能，但注意不让其过于庞大。

具体来讲，到阶段2为止，将工厂的工程功能作为一个流程进行了改善，而在阶段3，如图61所示，工程的流程向按产品设置的数个工程流程转变。

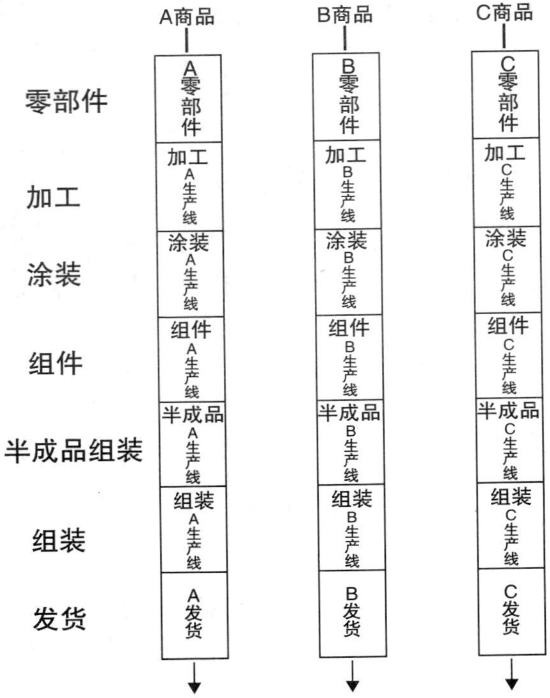

◎与作业周期时间同步的物品、信息流程

◎不是部分的流程，而是工程内一气贯通的流程

◎不是瞬间的、一时的、间歇性的流程，而是持续的流程

图61 工程内的流程图

即一个工厂被分割成数个各自与市场直接相连的小型工厂。各个小型工厂具备与以前的工厂一样的功能。

结果，以前公司内整体的生产管理、购买等原有的统括整个工厂的功能缩小，大部分实务功能被配置到各小型工厂。即以前总括性的工厂内的功能，在各个小型工厂扮演起了实务部队的角色。

例如，与设备相关的计划等，以前由公司的专业人士管理整个生产线，但在这个阶段，各个生产线的负责人分别学习、管理各自所负责的生产线的设备。

重申一遍，工厂内的流程由按产品设置的生产线建立。即与阶段 2 相比，要求进行与消费者需求更为相符的制造。

拥有上一章阶段 2 所示的工程间流程的专用生产线，可按产品分设成好几条。

即从按功能布局向按产品布局转变。而且，此处所说的一个产品的生产线中包括“仓库”“加工”“组装”“发货”“生产管理”“质量管理”等所有功能。

例如以前有发货这一工程功能，但是现在保留为发货作业，作为组装、打包作业的延长线发挥作用。

这样一来，多技能也由阶段 2 的职场内的多技能转变为阶段 3 的职场间的多技能。而且各生产线均按产品运转。

例如，工厂内设有分别为 A 公司、B 公司、C 公司生产产品的数条生产线。假定只有 A 公司休息日加班、需要发货，而 B 公司、C 公司休息。

那么，到阶段 2 为止的生产线，即便只是 A 公司需要生产，也需要整个工厂一起运作。但是在阶段 3 的生产线，只需要运转为 A 公司生产产品的生产线，其余的两条生产线是停止的。

所以，不能单单依靠目前为止的经验，如果没有大家的共同努力，这一阶段很难完成。

化妆品制造企业 B 公司的案例

B 公司是拥有 750 名从业人员，年销售额约 1300 亿日元的化妆品制造公司。

几年前，B 公司开始企划生产新商品 X，这需要从根本上改变生产制造。

所谓新商品 X，是一款诊断（提供咨询服务）每位消费者的肌肤状况，再生产适合每位消费者的化妆品。此前已有其他公司发售过类似的商品，但是 B 公司的产品，与之前的产品完全不同。

那么，什么地方不同呢？首先请参考图 62。

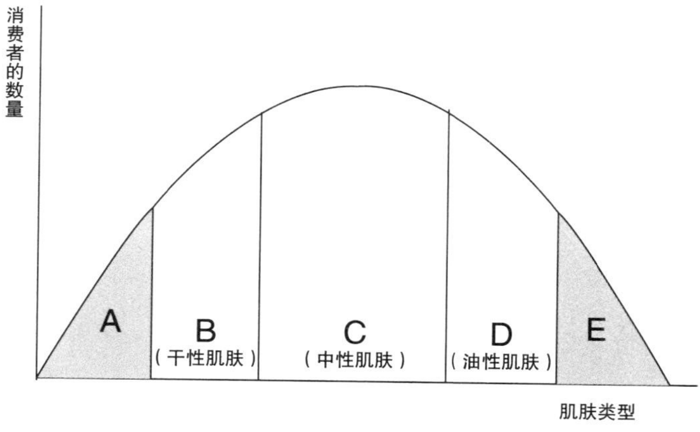

图62　消费者各肌肤类型分布表

图62是B公司的肌肤分析中心对每位消费者进行角质、黑色素、皱纹生长程度、肌理等综合分析后，所得到的消费者各肌肤类型的分布图。C是中性肌肤、B是干性肌肤、D是油性肌肤。

如果仅以这3个类型来讲，无论哪家化妆品公司都在进行肌肤诊断、销售与消费者肤质相符的产品，所以可能会被消费者误解。但是其他公司没有制造A和E类型的部分，不，应该说是不能制造。

而B公司的新商品X，不仅有BCD三种类型，还有与A、E型消费者肤质相符的产品。

一般的化妆品公司，先预测BCD型肤质消费者的需求，然后进行不同类型的备货型生产，以大量制造、持有库存的方式应对订单。而至于A和E型肤质消费者需要的产品，由于数量少且生产效率低，所以一开始就没有生产。

因为A型和E型消费者的肤质非常特殊且敏感，即使在A型肤质范围内，也要根据个体情况分别进行生产。E型肤质的各消费者的皮肤状况也是如此。这两个类型中的所有订单都是个别应对的订货生产，所以如果不从根本上改变制造方式就难以应对。

实际上，B公司是先在细胞层面诊断消费者的肌肤，然后根据这些肤质数据生产“样品”和“试用装”交给消费者，得到认可后，让消费者根据个人爱好选择“香料的有无”“瓶子的大小”等，再接受订货。

那么，B 公司为了销售新商品 X，是怎样改变制造模式的呢？

请参阅图 63 的改善前示意图。

这是 B 公司改善前的工厂整体示意图。如图所示，工厂整体占地面积很大，各工程被隔开，看不到工厂内的流程化。

以前的制造方法是，先用卡车将原材料和容器从仓库搬运至调配、搅拌工厂，然后将在那儿调配、搅拌好的化妆品以 1 万份为单位装入大容器。

接下来，使用输送管道将化妆品从这个大容器运至下一个充填工厂，在充填生产线装瓶后，贴上标签完成生产。然后，将成品再度装上卡车运往商品自动仓库，从那儿发往日本全国各营业所。

稍加想象就能明白，以前 B 公司进行的是一般的大批生产。而且，公司内分布着多处工厂，工厂之间都需要搬运。所以，这样的制造方式不可能应对每位消费者的个别需求。

那么，B 公司做了怎样的改善呢？

现在请参阅图 63 中改善后的图。

将充填工厂的生产线改成少量生产的生产线。首先，改变原料、容器的放置地，准备好少量的原料。然后，选择一些进行调配、搅拌、充填。完成后在生产线一侧设置小型产品商店，直接向消费者发货。如图所示，生产期间没有搬运。

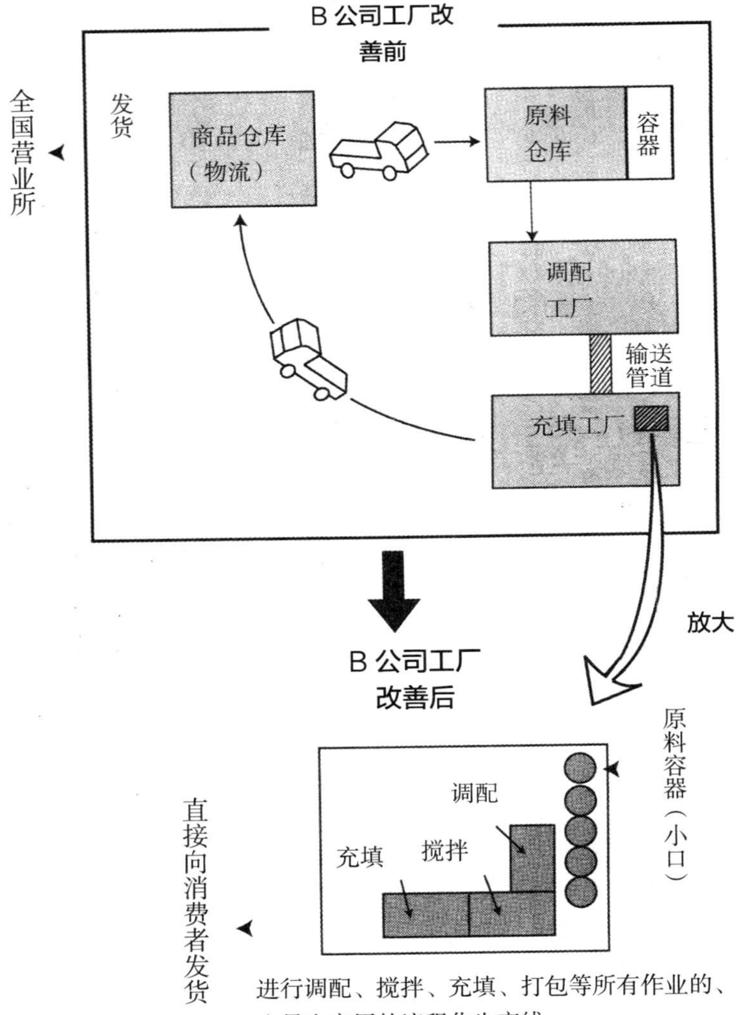

图 63　B 公司工厂内流程的改善前后

简单地讲，下图的小型生产线形成了上图所示的按工程设置的工厂的所有流程。

为了创建这样的小型生产线，需要改变物品的放置方式，也需要小型的搅拌设备、充填设备、打包设备，并进行作业人员的教育和培训。

B 公司自己制造这些小型设备，而且在机械设备展等展出产品，进行外销。

改善中的难关是为每位消费者调配各不相同的配方。“配方”一词经常被用于烹饪，简而言之，是指材料的调配比例。无论什么样的东西，小型化、少量化就意味着误差大，所以增加了制造的难度。

例如，尽管使用同一个配方，但用大锅煮的咖喱和用一个人用的锅煮的咖喱的味道会有微妙的差异。最难的是如何调配消除这些差异的配方。

结果，B 公司的新商品 X 以完全的订单生产方式开始生产。当然，库存为零。而且，即使不是个别应对的、别的系列的商品 B、C、D，以前是按计划购买原料一次性大批生产的，现在也改为流程化生产，库存减至一半。

这也就是说，均衡化、少量生产后，前置时间缩短、库存减少。即能够在短时间内完成制造，从而不必持有大量库存。

按照“7 个浪费”原则进行改善

一般而言，按产品设置的生产线按照各产品产量计算作业周期，进行制造。之前也曾多次强调，作业周期的计算方式如下。

消费者的需求速度 = 作业周期 = 每日劳动时间（公司劳动时间）/ 每日必要数量（消费者的需求量）
每日必要数量 = 每月必要数量 / 每月工作天数

然后，各生产线根据各自不同的作业周期时间制订生产计划。只有这样的流程化生产方式，才能以完全符合消费者需求的速度进行没有任何过度制造的生产。

下面根据“7 个浪费”原则，说明创建工厂内流程的要点。

①〈阶段 3〉过度制造的浪费

阶段 3 更需要彻底排除过度制造的浪费。也就是说，工厂内流水作业的产品各自都是独立的，所以作业周期也各不相同。

阶段 2 形成了工程间的流程化作业。即因工程能力差异而产生的部分制造过度的浪费已经被排除了。但是，由于不是按产品设置的生产线，所以最终成品并不完全与消费者需求相一致。

而阶段 3 开始的制造分别设定了各产品的作业周期，然后进行生产，所以才能够进行没有过度制造的、理想的生产。

但是，市场本身是不断变化的。所以，有时仍然必须以持有库存的方式应对。

而且，从有效利用工程的生产能力的角度来看，季节变动、新商品的更换时期等也会有同样的需求。

阶段 3 通过考虑、设定此时库存的持有方式进行应对。

将商品整体设为横轴，以销售量排序，大部分情况都如图 64 所示。

预计不提前生产就难以应对销售时，可在产量多的品种中选择最不会估计错误的产品，提前生产。

此时，提前生产的产品最多不可超过预计销量的一半。原因是，即使预测有误，也很少会出现实际销量仅达到预计销量一半以下的情况。越往图的右侧，数量越少，这些不可作为提前生产的对象。

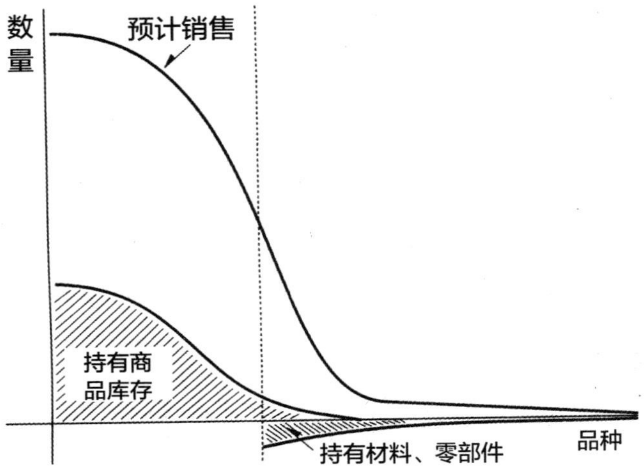

图64　阶段3对于“过度制造的浪费”的思考

②〈阶段 3〉搬运的浪费

阶段 3 中，工厂内的流程基本形成。此时的搬运不仅仅是移动物品的手段，而要作为包括信息在内的传递手段。

即不该只将搬运作为移动物品的手段，而应该作为工厂整体的信息管理工具。利用搬运，创建以下流程。

· 与工程进展同步的“物品 + 信息”的流程

· 不是部分的流程，而是工厂内一气贯通的流程

· 不是瞬间的、一时的、间歇性的流程，而是持续的流程

·区分为物流、信息流（生产指示、交货指示、移动指示等）、商流（与资金有关）

到了这一阶段，仅是物品的流动就不能称为流程。

③〈阶段 3〉库存的浪费

库存会掩盖工厂内存在的所有浪费。

而且还会完全看不到本该把握的工厂内的重要信息与社会的变化。但是，到了这个阶段，工厂内几乎没有了无用的库存。

图 65 表明了 K 公司削减库存活动的效果。K 公司是拥有 280 名从业人员，年销售额 100 亿日元的钟表精密机械相关电机零部件的制造商。用不到两年时间，K 公司将最多 2.4 个月的在制品库存降至 0.8 个月。图的下方记载了 K 公司在什么时期做了什么改善。

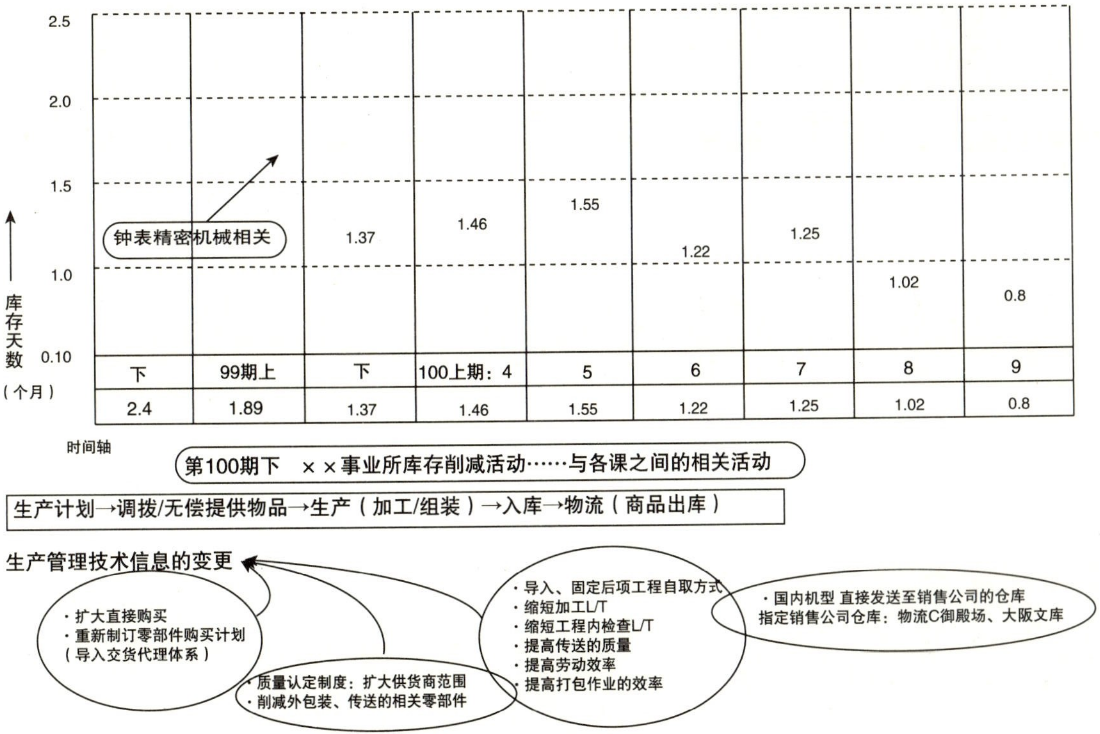

图65　K公司削减库存活动的效果

不满足于 80% 的目标达成率

我在提供咨询指导服务的公司经常会问该公司年度的目标达成率。

对于这个问题，多数回答都是“完成了约 80%”。

然后，我会顺便问去年和前年的达成率，同样也是 80% 左右。我觉得回答方一定是认为，“虽然没有完全完成，但这个时期完成 80% 已经不错了”。

但是，这个想法是“绝对不行的”，是危险的。

我们从小时候开始就被教导考试答题时要按从易到难的顺序解答。如果一开始就挑战最难的问题，最后如果解不出来就只能得 0 分。应首先从简单的问题入手，剩余的时间挑战难题即可。这么做的话，即使最后的问题回答不出来，也能得到 80% 左右的分数。如果顺利解答出来了，就可能得满分。我觉得这个想法是对的。

但是，工程的目标达成率为 80% 的话就不妙了。因为，这也是从马上能解决的简单改善入手，不知不觉地就到了年末的预定时间，却尚未全部完成。所以，当被问及达成多少目标时，就会回答 80% 了。

即这个公司最终未能解决最难的问题。虽然解决了谁都能做的简单问题，但未能解决真正的难题，这意味着错过了与其他公司拉开差距的绝佳机会。

最后 20% 的目标真的很难，但如果做到了就必定能取胜。

这个公司应该做的是大幅提高改善速度。前半部分 80% 的简单目标在 6 个月内完成。剩下的 6 个月去挑战最后的最具意义的 20%。无论多难都要完成最后的 20%，将目标达成率提升至 100%。就是这个严峻时代对我们提出的要求。

在本章最后，笔者将介绍挑战这 20% 目标的 H 公司的案例。

H 公司是拥有 1000 名从业人员，年销售额 100 亿日元，一直生产半导体的公司，是本书开头部分提及的 T 集团的关联企业。

图 66 表明了通过改善，半导体集成电路的生产工程的开发周期得到了何种程度的缩短。

该图看上去有点复杂。请注意最下方用○圈起来的立方体。改善前，这个集成电路的前置时间为 40 天（图中①）。改善后，最短是 11.5 天（图中③），平均 17.5 天（图中②）。

顺便提一下，左端的立方体是由设备能力计算出来的理论前置时间。这只是设备的处理时间，前置时间不可能比这个更短。

令人惊讶的是，H 公司的前置时间在半导体集成电路领域是世界级的，是其他大型实力厂商所无法达成的。

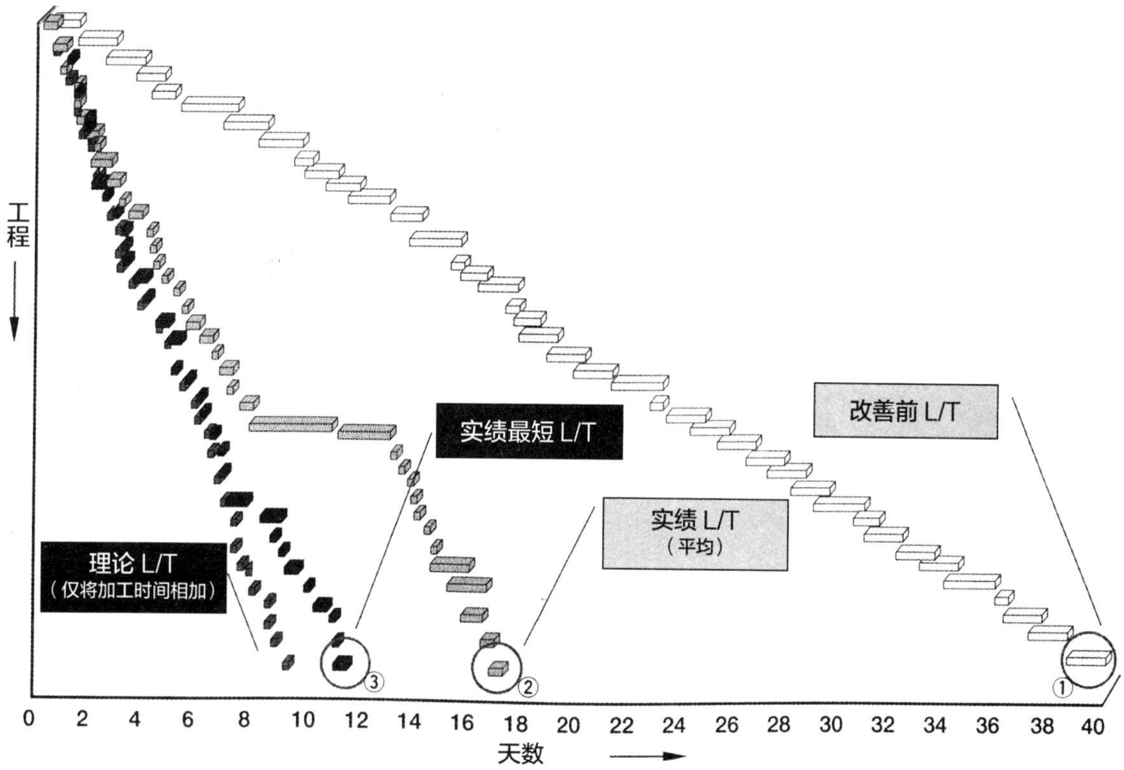

图66　H公司对产品开发周期的挑战

之所以能做到这样，是因为该公司没有满足于 80% 的达成率，而是不断改善，这是日积月累的结果。

与其他行业相比，该行业变化更激烈、竞争更强。前置时间优于其他公司是其强项。

可以说 H 公司最强的是“不满足于现状，始终不断挑战”的这一公司特质。

第 8 章

阶段 4　创建工厂间的流程

工厂直接接受订单并发货

下面讨论一下阶段 4 工厂间的流程。

考虑到自己工厂的运营情况，很多社长现在都已经有效利用合作工厂，进行着每日生产。

这样一来，或许会有社长认为："工厂间的流程，我公司已经做到了，不是吗？"或者，由总公司发出生产指示，让各工厂分工完成，最后制造成品，这种情况也是一样的。

但是，阶段 4 所说的**工厂间的流程是指以阶段 3 工厂内的流程为前提，进而将其扩大至各工厂之间**。与一般进行的工厂之间的联系方式有很大不同。

首先，以总部下设工厂的企业为例进行说明。请参阅图 67 上方的图。

如图所示，消费者的需求信息首先进入总部，然后，在进行一定程度的汇总后向全部工厂发出生产指示并传达至各工厂。由于经过了这样的手续，信息会批量式地进入工厂。如果是批量信息，那么由总部管理的工厂就可能会按照这些进行生产。而各工厂也会完全按照该计划进行生产。

接下来，请参阅图 67 下方的图。

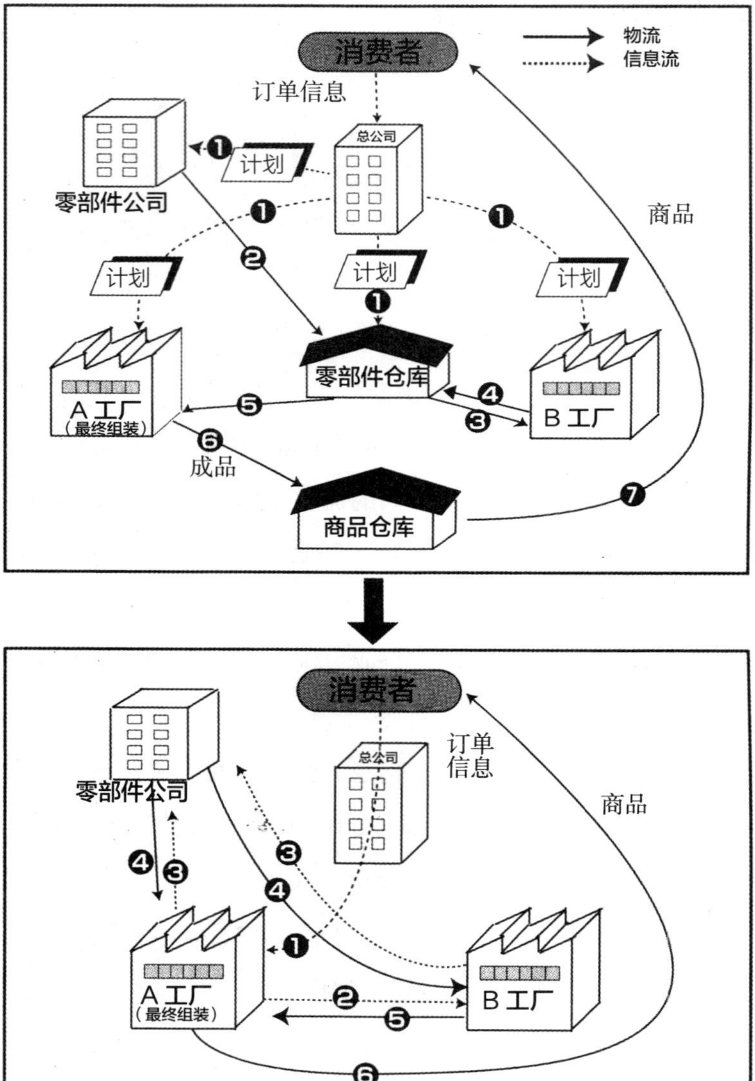

图 67　工厂直接接受订单并发货

这张图表示的是阶段 4 的“工厂间的流程”。消费者的需求信息同步传至总公司和工厂。因此，消费者的需求信息无须在总部替换成各工厂的生产计划。

然后，收到信息的最终组装工厂根据发货计划制订生产计划，与其他工厂合作制造产品，并直接向消费者发货。图中的黑圆圈的序号是信息流和物流的顺序。

即，**消费者的订单直接抵达最终组装工程，并以此为中心进行生产、发货，最后将结果报告总部。**

同样，以前是以总公司为中心集中购买，但现在是以工厂为中心分散调拨。而且，工厂直接向消费者供货，所以就不需要总公司管理的商品仓库了。

消费者的需求信息不是批量式地进入，而是即时进入。这样的话，总公司的计算机是根本无法应对的。只能通过工厂间构筑自律性的信息交换体系进行应对。

以前是集中信息，现在改为直接将信息分散于工厂，通过工厂的自律流动制造产品。

我想读者已经明白了，在阶段 4，各工厂通过消费者的需求信息直接相连。

从阶段 0 至阶段 4，流程的范围逐步扩大了。但它们的区别绝不仅仅是其中的距离和面积等因素。

最大的变化是“信息”和“时机”。改善阶段的层次越高，改善的难度也以成倍的速度增加。

国际分工的做法

接下来讨论国际分工。首先，国际分工有两种。

第一种是**垂直分工**。如在日本制造零部件，然后在成本较低的中国进行组装，再将商品运往日本和美国的市场进行销售。第二种是**水平分工**。即在海外当地生产，并在海外的市场销售商品。

简单来讲，垂直分工是为了降低成本，而将制造过程的一部分外包。水平分工是当地制造当地销售。

请参阅图 68。

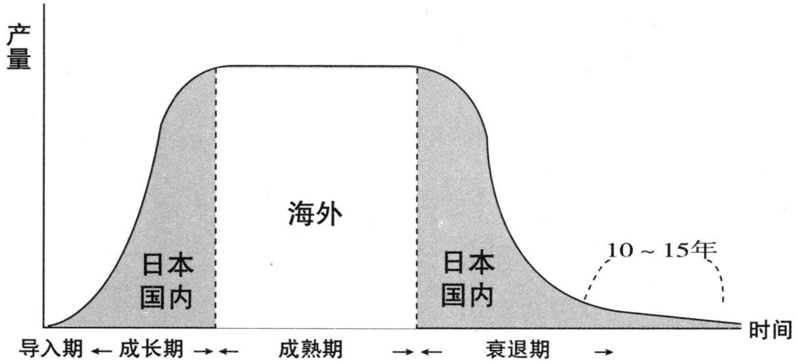

图68　商品的生命周期

该图表现了商品从“诞生至死亡的一生”。一般而言，商品以成熟期为界，左右两端是往上的成长期和往下的衰退期。

成熟期可以大量生产，在以中国为代表的海外进行制造比较便宜。

但必须注意的是，这仅限于需要保养、维护的商品。

需要保养维护的商品，如图68所示，即使进入衰退期后也必须持续制造数十年。当然，在这个阶段，采取的是多品种小批生产。

之前也有提及，多品种小批生产不能在海外进行。特别是像中国那样具有大规模市场，今后经济会不断发展的国家。

因此，成熟期过后仍需维护保养的商品必须回到日本进行生产。回到日本生产时，关键是能否以与海外制造同样的价格进行生产。

简而言之，制造维护保养型商品的企业必须形成这样的体制：成熟期以垂直分工的方式在海外生产，进入衰退期，则回到日本以低成本，且多品种少批量的方式进行生产。

在生产制造方面最为领先的日本汽车厂商即使一部分成本降低，也不会进行垂直分工。原因是这种分工方式不能达到整体最高效率。

W 集团公司的案例

W 集团是拥有从业人员 1500 名，综合销售收入 1100 亿日元的半导体制造企业。

W 集团的集团内工厂一共有 3 家，日本国内有 A 公司和 C 公司，在中国设有 B 公司。

现如今，半导体被应用于以计算机、手机为代表的几乎所有家电产品中。但是，我们还是很难想象其实际情况。阶段 4 讨论的主题是如何创建工厂间的流程，所以，本书暂且省略半导体制造方法的说明。

首先，请参阅图 69 上方的图。

A 工厂负责半导体的前项工程，以前是由总部制订生产计划，然后向 A、B、C 工厂发出生产指示。日本国内 C 工厂的生产计划以月为单位，海外的 B 工厂则是以 3 个月为单位。

有生产计划就意味着是备货型生产，这说明该企业无法进行订单生产。而且，生产计划的跨度很长，所以各工厂自然是大批生产。

众所周知，半导体订单增减的变化剧烈，以这种方式进行生产必然会有很多库存，对于公司而言负担很大。

那么，应该怎么办呢?

W 公司从大批生产的阶段 0 开始改善，直到阶段 3 为止的

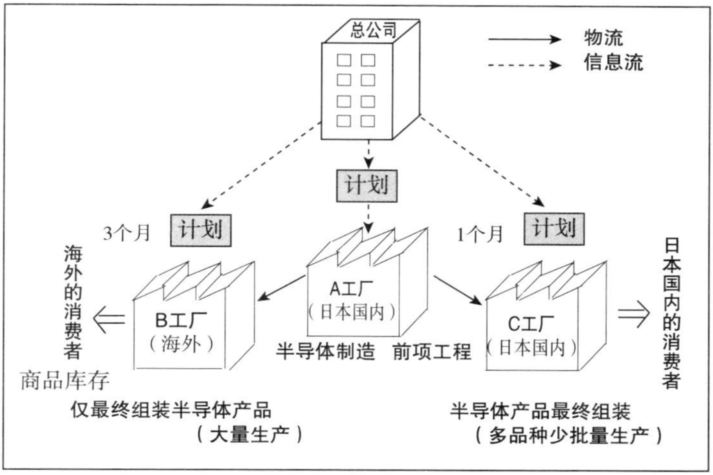

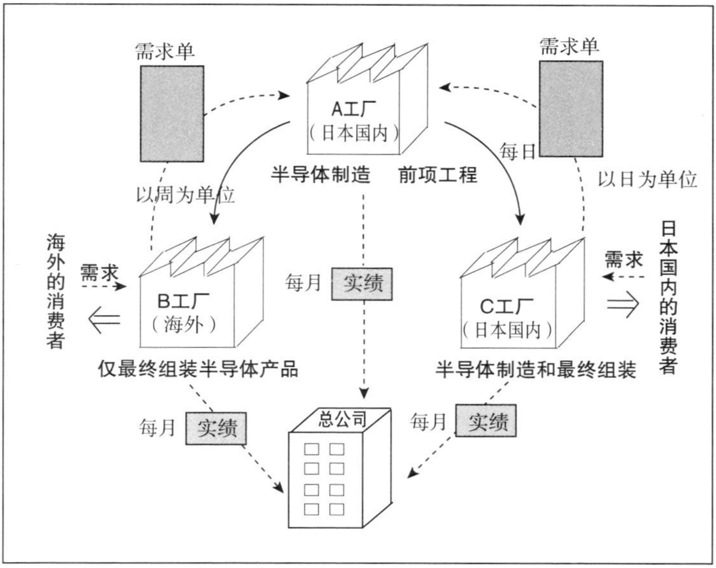

图69 W公司改善前后的示意图

改善均按照上一章为止所讨论的步骤进行。到进行阶段 4 的“创建工厂间的流程”改善时，该企业最大限度地缩短了生产计划的制订周期。

比较图 69 的上下两张图可知，日本国内 A 工厂和 C 工厂，以前是月计划，通过改善缩短为日计划。海外 B 工厂将原来的 3 个月计划缩短为周计划。

具体而言，C 工厂产品的前置时间为 4 ～ 5 天，所以每天都会收到第 6 天的生产计划。与此相应，在 A 工厂和 C 工厂之间运货的卡车每天都会运送少量的零部件。

以前每次搬运都要处理交货单、纳入销售额进行管理，现在因为是每天进行，所以必须改变这种信息处理方式。

那么，应怎么做呢？“需求单”由 A 工厂和 C 工厂的计算机进行管理。每日的交货是无纸化的，每月 1 次由两工厂共同用计算机制订需求单，每月 1 次计入销售额。

此外，因为是每日少量运送零部件，所以“包装式样”和“送货方”也会不同。关于包装式样，需要以最少的材料和最短的作业时间进行。

这样大略地一说，或许会有人认为“这很简单嘛”。

但是，要想“缩短生产计划的时间跨度”，或者“取消生产计划”等，如果 3 个工厂不能拧成一股绳进行流程化生产，是绝对不可能做到的。能做到这样绝不容易，这需要众多员工的智慧和努力。

创建工厂间流程的要点

那么，工厂间流程是怎样的流程呢？

当然是工厂和工厂的生产没有库存，且能紧密相连。

此处所说的紧密相连的状态是指按照最终工程的工厂生产顺序，前项的工厂同步提供所需物品的状态。

例如，汽车企业组装发动机的工厂和组装座位的工厂直接向最终组装工厂运送物品。

我们假定最终组装生产线的组装车种是（2000CC，红）（2500CC，灰）（2500CC，黑）（2000CC，灰）的顺序，则发动机工厂的交货顺序是2000CC、2500CC、2500CC、2000CC，座位工厂的交货顺序是红、灰、黑、灰的车体颜色，各个级别顺序是一致的。

为此，所有工厂共享最终组装生产线的生产计划，以最佳时机向最终组装工程提供必要的零部件。即所有工厂以共同的生产计划相连。

第6章工程间的连接方式是，机械加工工程和涂装工程以“看板”相连，涂装工程和组装工程以同一“生产计划”相连，由此将各工程相连。工厂和工厂之间也同样相连。即全部按照最终工程的顺序生产。

即以所有流程与最终工程的制造同步的“一个流”生产为

目标。请参阅图 49。一个流生产是均衡化生产的最终阶段。因为是逐个混合制造数个商品，所以也称为**混流生产**。

建立工厂间流程的前提条件是各工厂是独立的，即阶段 3 的制造形态已经形成。

就算只有一个大批生产的工厂，也不可能在流程化生产中让其与其他工厂同步，从而形成一气贯通生产。

反过来讲，落后的工厂必须赶上优秀工厂，所以必须设定目标、钻研改进并变强。

而且，与已经形成工厂流程的企业交易时，当然会被对方要求生产同步。或许有人会想“即便被要求同步，持有库存也没关系”。但有的公司是不和持有大量库存的企业交易的。即不和未达到一定层次的企业交易。

可见，为了创建工厂间的流程，各个方面都要变得更为严格。下面主要讨论“如何提高质量水平”和“如何搬运”这两个要点。

①如何提高质量水平

在这个阶段，不能改变生产顺序。因为所有工厂都是按照既定的生产顺序同步制造产品，所以一旦某处出现次品，花时间进行调整的话，其顺序就会被打乱。

因此，为了不打乱顺序，即使出现次品，也必须在极短的时间内予以修复。

这样一来，以检查去除次品的方式保证质量的机制在阶段 4

就行不通了。质量必须在生产线中打造。

此外，当合作工厂运入的零部件质量不稳定时，需要前往合作工厂，以本工厂进行的提高质量的活动为基准进行指导。

下面，介绍两个事例予以说明。

C 公司是拥有 200 名从业人员，年销售额 80 亿日元的汽车零部件厂商。

C 公司每月汇总合作工厂发送的零部件中的不合格信息，公布最差的 10 家工厂的名单。刚开始这项活动时，质量水平很低，进入质量最差前 10 名的公司的不合格率都以百分比的形式表示。C 公司也汇总了质量比较好的合作工厂的数据，但最佳前 10 名的企业也并不都是次品为 0 的。

但是，随着这些数据的公布，能理解 C 公司想要达到的工厂间流程的重要性的企业逐渐增加，必须提高质量的想法迅速扩大。

我当时每月前往 C 公司指导一次。很多合作厂商的社长和制造负责人也都参加了指导会。

现在 C 公司由于几乎没有质量不良情况发生，所以只要出现一个次品，就会立即进入最差前 10 的名单列表。

另外一家企业是 G 公司，该公司是拥有 250 名从业人员，年销售额 90 亿日元的电机零部件厂商。

G 公司设立了“质量认证制度”，让合作厂商努力获取该项认证。

认证制度的内容是 5S 的实行和标准作业书的制订等非常基本的项目。G 公司也做好了一定的准备，在取得认证时，如果需要的话，G 公司会派技术员前往指导。

除了提高供应商零部件质量这一直接目的外，G 公司还有一个想达成的目标。因为需要在短时间内减少库存，所以作为其中一环，可以通过不检查合作厂商发送的零部件，而减少等待检查的产品停滞，以削减库存。

对合作厂商而言，如果能减少次品，重新返工的成本会降低，而且可以不给 G 公司增添麻烦。所以几乎所有公司都赞同这样的观点，并积极参加认证活动。

当初 G 公司非常担心没有多少家公司会参加这样的活动，结果，大部分公司都在短时间内获得了认证，并大幅提高了质量。

②如何搬运

大部分工厂和工厂之间的搬运都是将同一物品装入同一箱子，然后运输。即批量生产，然后运往下一个工厂，放置在生产线一侧。

因为排列着很多同样的箱子，组装人员需要选择所需物品进行组装。或者，在组装人员前面排列着准备人员，他们根据组装的顺序选择零部件提供给组装人员。

这种选择零部件重新排列的作业虽然不显眼，但却会花费巨大成本。那么，为何需要重新排列呢？这是因为工厂不具备按序制造的能力，只能以批量生产的方式降低成本。

即，以前视作理所当然的生产方式，实际上是因为没有实力，所以才以持有库存的方式应对。

但是，阶段 4 的目标不是这种低水平的生产方式。

在阶段 4 中，工厂间的合作与市场密切相关，很多时候需要增加搬运的频率。

实际上，因为需要减少库存，所以很多地方都以多次交货的方式分散提供零部件。

但是，我在仔细观察后发现，很多工厂都没有做到最为重要的与市场的密切关联，而是持续着一直以来的大批生产，只有零部件的交货方式改为了多次。这样的话，即便对库存减少有一定的效果，总的来讲，还是出现了巨大损失。

关于搬运，第 6 章已有详述。此处请再复习、研究一下用什么方式形成物流为好，这很重要。

例如，如果其他所有零部件制造工厂都与最终组装工程同步，那么就可以选择那种在一定场所内巡回运输的物流公司。由此，虽然工厂之间各自分开，相隔一段距离，但物流是相连、同步的。

但是，笔者常常会被问道："万一，相关工厂发生了火灾等，怎么办呢？"或者："若因地震等灾害，主要道路禁止通行，工厂之间无法运输零部件时，又该怎么办？"

的确应该考虑应对特殊情况的对策，但为了应对不知道是否会发生的灾害而持有大量库存，以备不时之需，这么做显然是没有意义的。

因此，当发生灾害，高速道路禁止通行时，应考虑用小型卡车在一般道路上多次巡回运输，或者采取任何时候都能运转的生产线等的措施。

问题点的暴露和改善

第2章有关库存的讨论，我想读者应该已经理解了。当开始挑战这种生产方式时，会暴露很多问题点。

问题点暴露后，社长是以此为借口说“瞧，还是不行吧”而放弃呢，还是说“的确如此，这么一来就能看到很多问题”而进一步进行挑战呢？如何选择决定了公司的未来。

我在现场向大家提出过很多课题，但我所提出的都是只要去做就能完成的课题。

例如，当需要迅速、廉价、安全地将物品搬运至隔壁大楼的屋顶时，我当然不会说“你们背上现在马上长出翅膀，飞到隔壁大楼的屋顶”。

与此相反，我首先考虑的是这项工作本身。如为什么必须将物品运至隔壁大楼的屋顶？难道不可以通过其他工作达成目的吗？这就是**工程改善**。

如果做不到这点，则要考虑将物品搬运至隔壁大楼屋顶的最佳方法。这就是**作业改善**。然后，在确定方法后，经过练习实现高效、巧妙的搬运。这就是**效率改善**。

简而言之，依次提出只要肯做就能完成的改善，然后付诸实施。但是，随着课题难度的增加，很多时候需要反复尝试摸索，才能找到正确方法。

然而，很多人都是还没做就说“做不到”。如果被要求“背上长翅膀”，那么回答做不到也在情理之中，但对于其他提案，社长不可以说做不到。

“做不到”是一个必须进一步分析的词。其包括 3 种含义。

- **我一个人做不到**
- **现在不能立即做到**
- **不能全部做到**

对于第一种，“我一个人做不到”，我的回答是，工作当然要全员一起互助完成。

但有的社长只是发出指示，之后一点也不跟进，然后某一天突然发怒责问“那项工作做得怎样了”。在这样的公司，如果员工被要求完成某个比较难的课题的话，大家都会想“结果会很糟糕”，而无人接受。

这样员工当然会连声说“做不到”了。此时，社长应好好向部下说明所进行工作的重要性，然后大家共同去做，并负责做好被分配到的工作。

然后，认真检查之后的实施过程。

以前我曾指导过的某家公司的社长就是向董事制造部长和制造次长指示了具体工作的做法，然后一直关注部下的工作，直到最后完成。

对于第二种，“现在不能立即做到”，我的回答是，那就认真制订日程安排，然后切实进行。

我在现场提出改善方案时，能当场完成的当然要立即执行，有时也必须留下作业。这个时候，我会问现场员工："你们打算怎么做呢？"常常听到的回答是"我们之后再商讨"。

对于我的提问不做任何具体回答，而只是说"之后商讨"是不行的。细枝末节可以"之后讨论"，但当时至少要回答出一个办法，"例如，有这样的方法"。

在现场实物前具体提问时，大都能得到合情合理的回答。对于他们的提议我会提出自己的意见，大家也会从各方面加以考虑，之后进行优化即可，所以这样的课题必定能够完成。

姑且应付说"之后再好好考虑"，这种没有效率的判断多会以失败告终。因此，需要始终牢记应迅速处理并付诸实践。

对于第三种，"不能全部做到"，并不是说可以不以全部完成为目标。

而是在全部完成前，需经过数次踏踏实实的反复尝试和摸索，一步一步前进。希望大家做好很难能一次达成的思想准备。不要因为不能全部做到而轻言放弃、不去实践。

接下来，请参阅下页列出的进行改善的人的层次。

以下逐个进行说明。

首先，层次 0 的"做不到"是指过去没有做过、没有进行过任何考虑、没有问题意识。

0. 做不到 1. 不知道 2. 知道 3. 不想做 4. 不能做 5. 能做 6. 能教 7. 能创造

层次1的“不知道”是指想进行改善，但不知道成功案例和具体的方法，或者不理解为什么必须那么做。

层次2的“知道”是指了解了案例和方法，但自己没有实行过，不知道改善步骤、发生问题时的对策，所以不能进行改善。

层次3的“不想做”是指目前的状况自己很满意，害怕挑战更高层次。

层次4的“不能做”是指已经达到自己的最高状态，但缺乏解决更难问题的方法和方向，需要得到某种启示。

层次5的“能做”是指能经常提出问题，不断进行改善。

层次6的“能教”是指能让大家一起以集团等的集合体推进改善。

最后的层次7“能创造”是指对于问题变少持有强烈的危机

感，否定现状，不断有超越问题的视角和层次的想法出现。

以上是进行改善的人的实行层次。0 至 5 是一般的现场改善的层次，6 和 7 是能教育训练、指导改善活动的层次。

第 9 章

阶段 5　创建与消费者相连的流程

直接连接“销售”和“制造”

终于讲到了与“市场”的连接。

首先请参阅图 70，想象一下阶段 5 的“创建与消费者相连的流程”。

上一章阶段 4 已经形成了各工厂间的流程。但仅仅如此是不够的。因为，如果没有将工厂和市场关联，市场稍有变化，就会产生畅销商品脱销而不能盈利或者瞬间积累大量库存（这点更为恐怖）的状况。

简而言之，这是“销售”和“制造”的信息交换不足引起的。

一般而言，从工厂的角度来看，为了防止类似事件的发生，需要营业部门认真进行市场需求的预测，工厂则专心于制造。

从理论上讲这或许是正确的，但实际上几乎不可能做到完全正确的需求预测。

原因是“市场”实际上是我们每个人的个体集合。就拿我们自己来说，假如你要去药店买营养品，尽管事前已决定购买以前一直食用的营养品，但到了药店却发现入口处正在进行新产品的宣传活动，于是你为此所吸引而毫不犹豫地选择了新品。这样的事经常发生。

个人购物时的判断就是这样的。而市场是个人判断的集合体，所以可以说没有绝对精准的需求预测。

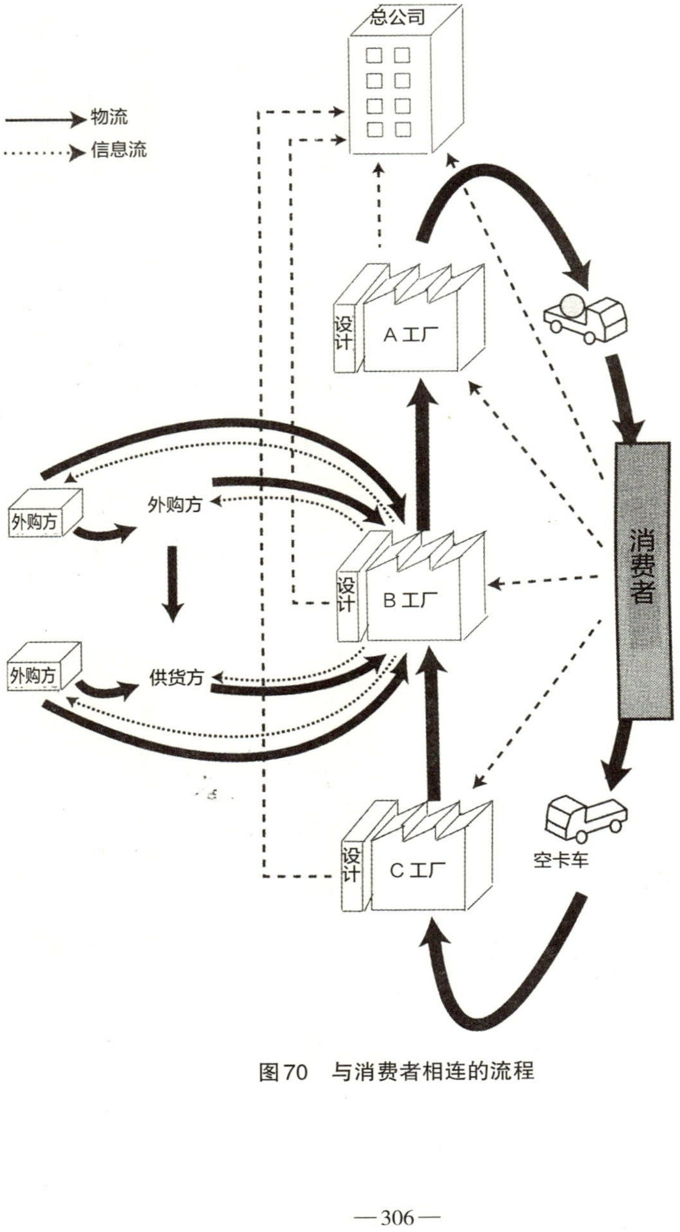

图 70　与消费者相连的流程

最近媒体经常报道的专业电子代工服务厂商EMS（Electronics Manufacturing Service）和委托制造公司之间的关系，即“委托方”和“制造方（EMS）”的关系也是一样的。

委托方的公司如果是自己投资设备进行生产的话，就必须非常慎重，但现在是委托EMS生产，因此不太能感觉到风险，所以订购量往往会偏多一点。而另一方面，受委托的EMS如果不能及时满足委托方的生产要求就会很糟糕，所以也会略微提早一点、多一点订购零部件。

这样的做法，如果在商品销路好的情况下，是不会引起任何问题的，但在实际中却未必会那般顺利。一旦商品销售速度开始减缓，就会马上囤积库存。当然，委托方必须取走这些成品库存。

由于双方都提出了比实际预测稍多的需求信息，所以这时的损失往往比原本的要多得多。

结论是，工厂必须建立与市场完全对应的供给体制。

这需要正确预测市场的动向，认真制造畅销商品。**此处重要的是，以彻底缩短从接受订单到交付给消费者的前置时间为基础的制造的均衡化，以及营业和制造间的密切联系。**

向便利店供应便当的 L 公司的案例

下面介绍一个向便利店供应便当的 L 公司的案例，该公司拥有从业人员 60 名，年销售额为 12 亿日元。

L 公司每天数次向便利店送货。送往的目的地是便利店的各店铺，因为没有便利店整体的集货中心（仓库）。

如图 71 所示，L 公司按发货时间将各店铺用电子邮件随时发送来的订单进行分类，印刷成粘贴在便当容器上的标签。同时，制作各便当所需的材料清单，分发至各工程。

各工程根据相应的生产指示加工材料，以与最终的包装工程同步的状态进行运输。在最终工程中，将预先印刷好的标签粘贴在容器上，按不同目的地整齐排列，然后装入便当的各类材料，盖上盖子，完成便当的制作，最后放入生产线终端各店铺的集装箱。

各集装箱装完所需的便当后，被搬运至在外等候的卡车并运往各店铺。

这个厂商没有特别设置生产管理的职能，来自消费者的信息会立即传至现场，而且，成品也是立即用卡车直接送往下单的各店铺。

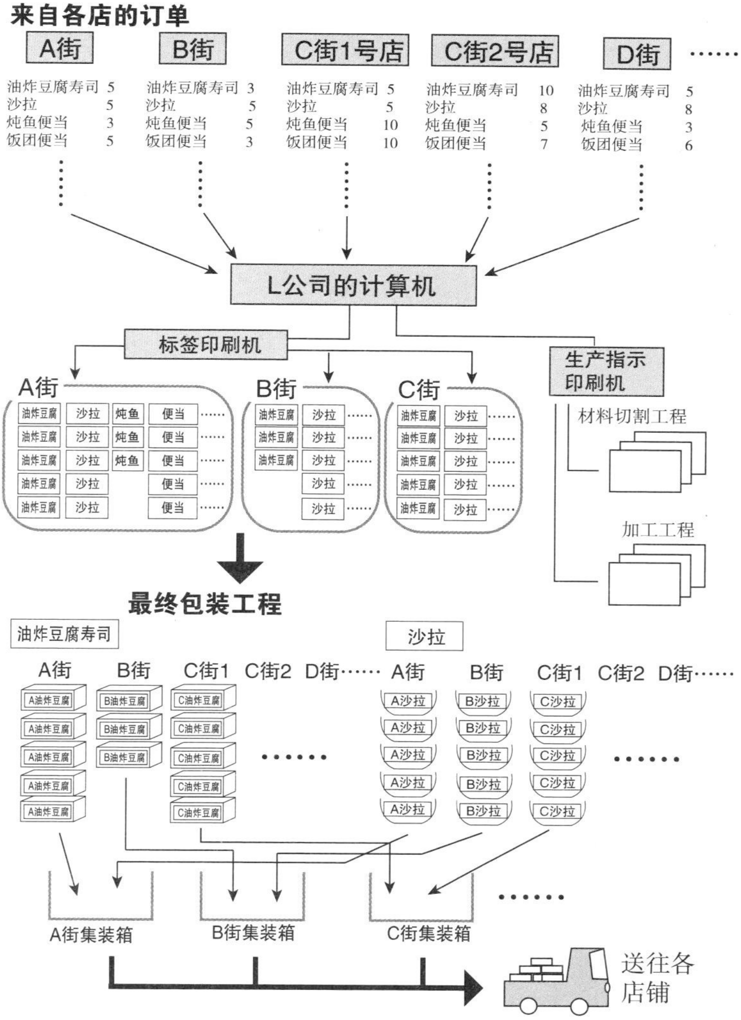

图71　L公司与消费者相连的流程(例)

最近有人说，因为使用了供应链管理（SCM）等软件，所以库存大幅减少。但我实际去现场一看，却发现绝不是因为有了那样的软件而产生了如此大的效果。

事实上，很多公司因为觉得有了那样的软件就可以放心，而疏忽了营业部门和制造部门之间的沟通，反而导致库存的增加。

那么，这两者需要进行怎样的沟通呢？首先是营业部门和制造部门双方互相理解。

医疗品制造公司 M 的改善

从事医疗品制造的 M 公司对不断增加的成品库存感到很头疼。

M 公司是拥有 380 名从业人员，年销售额 150 亿日元的企业。

库存增加会引起资金流动的恶化，所以当然会成为问题。除此之外，M 公司的产品是有使用期限的。

公司有严格规定，“产品制造出来 2 年后就必须报废”。因为持有的库存 2 年后会自动不能销售，所以 M 公司每年的报废损失是巨大的。

之所以会产生那么大的报废损失，是因为不管能不能销售出去，日本全国各地的各销售点都持有成品库存。不持有库存就不能应对消费者的紧急需求。

当时，工厂的生产前置时间很长，几乎所有商品在接到订货后都至少需要 1 个月的生产时间。因此，营业部门习惯于提早对工厂发出比实际需求略多的生产指示。

另外还有体制上的问题，当时 M 公司报废损失的责任不明确，谁都不会因此而感到烦恼。

在这些前提下，M 公司的工厂开始了改善。

在工厂负责人的领导下，工厂全体人员积极开始了缩短生产前置时间的改善活动。如图 72 所示，原来被切断的、互相不可见的工程变为了连续的流程。

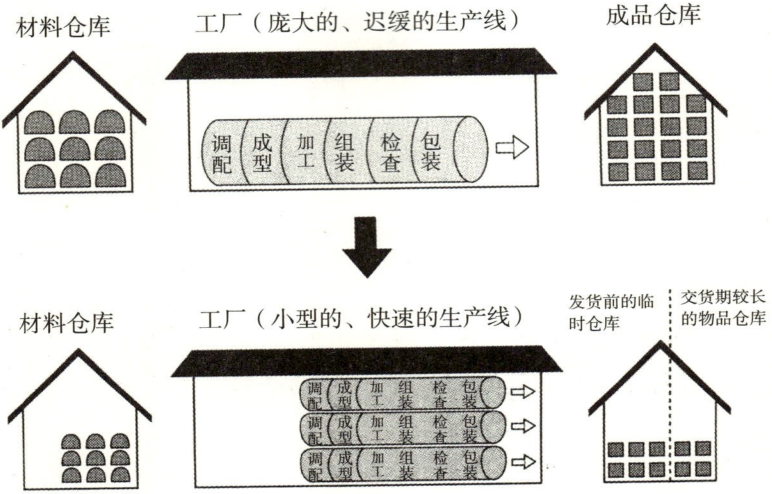

图 72　M 公司工厂部门的改善

结果，工程间长期积压的中间库存很快就消失了。

而且，以前是使用大型机器大批生产，现在是用自己改造的机器小批量分散生产所需的数量。

在全体人员分担课题进行各种改善的过程中，员工习得了多项技能，原本至少需要 1 个月的生产前置时间，现在缩短到从调配原料开始只需要 3 天就能完成。

工厂的作业情况变化巨大，中间库存和成品库存都急剧减少。

营业方面的问题

但是，还留存着一个很大的问题。

营业部门仓库中的庞大商品库存还是跟以前一样。只要这个问题没有得到解决，就不能说 M 公司从根本上解决了问题。

于是，工厂召集日本全国各营业所的负责人参加了说明会。

上午是参观工厂。实际参与改善的年轻作业人员以如何改变、改变了什么、与以前相比缩短了多少生产周期为重点，向各位营业负责人说明了这 1 年现场实行的改善内容。

看到生产现场短期内发生巨大变化，听到年轻员工尽管很紧张但努力说明的前置时间变化的内容，各位营业负责人对制造部门的变化留下了深刻印象。

下午，在参观工厂的基础上，工厂方面提出了削减库存的方案。工厂的制造模式与以前相比有了显著进步。以前需要 1 个月才可发货，现在最长不过 1 周就能发货。于是，对营业部门的库存持有方式，工厂方面提出了如下建议。

首先请参阅图 73。

对于能大量销售的商品，营业所可持有少量库存，按照消费者需求即时做出应对。工厂实时接受需求信息，并立即补充生产，将产品送往营业所。

其次，对于销量中等的产品，营业所应仅持有 1 个库存，并将销售信息反馈给工厂。工厂在接受订单后的 3 天以内发送商品。

对于价格昂贵、可以事先了解购买需求的产品，营业部门无须持有库存。应在接受订单的同时向工厂发出发货要求。如果生产前置时间较长，工厂可以持有少量成品库存，并向营业所发送。

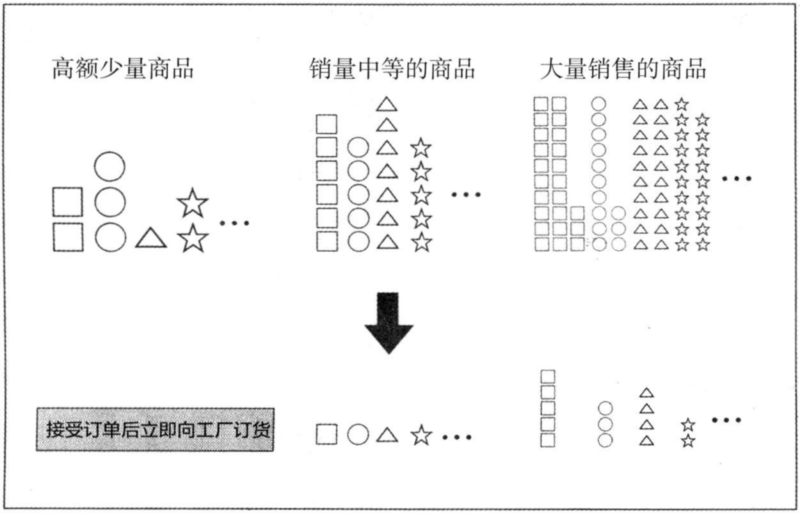

图 73　M 公司营业部门的改善

工厂召开说明会时非常担心营业部门能否接受这样的提案。结果获得了巨大成功，完全没有必要担心。

其实，营业部门也很在意库存。但是出于“不管怎样都不能缺货”“等待工厂发货是绝对来不及的”等种种担心，无奈之下只好提早发出比实际需求量略大的订单。

但是，通过参加当天的说明会，他们明白了这样的想法过时了，如今需要和工厂一起减少库存。

最终营业部门决定按照工厂的提案进行库存管理，后来，报废损失因此成功地缩小到了以前的 1/5。

为了创建与消费者相连的流程而进行的均衡化和同步化

下面来谈一谈阶段 5 为了“创建与消费者相连的流程”而进行的均衡化和同步化。

在阶段 5，工厂的生产线与消费者直接相连。在之前的阶段，工厂和消费者之间介入了总公司的生产管理职能，而到了这个阶段就完全没有了这样的机构。

如果生产管理部门存在，则该部门就会从各个侧面对消费者的订单进行修正，因此反而会制订出与均衡化生产相去甚远的生产计划。其原因当然是工厂一方缺乏均衡化生产的能力。因此，阶段 5 将对此进行改善，从而将“制造”和“销售”直接相连。

终端消费者原本是逐个零星购买商品的。但是，公司中会有人将其汇总成大批生产计划发出生产指示。也可以说，特地进行的修正反而使得生产远离均衡化。

因此，在这个阶段，工厂中没有了生产管理功能，取而代之的是各条生产线的控制功能。以前各生产线没有控制能力，因此需要相应的管理人员。经过这一改善，可以说将各生产线提高到了公司的层次。

但是，制造和市场紧密相连后也会产生问题。

在以持有库存的方式应对市场需求的时代，人们并不会注意到这个问题——销售无法均衡化。如果消费者每天购买相同数量的同一产品，就不会出现这样的问题，但事实上这不可能。因为生产需求平均到一个月的话，是没有任何问题的，但如果是每天的需求会出现相当大的差异。

为了应对这样的差异，工厂需要具备能应对突发情况的生产能力。即如果是正常范围内的偏差，可以通过加班应对。棘手的是超出范围时的应对。

如果生产的差异如季节变动一般，那么就可以有效利用临时工或者派遣员工。但如果是以天为单位的差异，则很难说这样的应对方式是最好的。

社长指出，“中小企业没有余力雇用多余人员”。但是，我通过实际考察发现，很多工厂的人员配备都是固定化的。即直接人员有几名、间接人员有几名，然后各自在职责范围内完成工作。

对于一定的产量，能大致判断直接人员的必要工时，因此生产增加时，工厂能以平日加班或者休息日加班的方式予以应对，但生产减少时，员工往往是空闲状态，这样的话人工成本会急剧增加。

为了防止这样的事情发生，直接部门的人员数量应该按照日常工作量严格限定，生产增加时以平日加班和休息日加班的方式应对，如果这样生产能力还是不足，那么就需要提前建立好临时援助体制。

中小企业的强项之一是高应对能力。

如果社长命令生产，当场就能决定一切。

那么，该如何应对这样的突发事态呢？这需要充分利用公司内的人、物、设备等所有资源。

例如，间接人员的现场援助。事先预想到会发生这样的事态，准备好相应工程，一旦需要间接人员的援助，即使他们没有那样高超的技术，也能想方设法完成工作。

当然，需要准备好该项工程相关的浅显易懂的标准作业书、易于操作的工具。间接人员也知道关键时刻会去援助生产，所以空闲时会进行作业练习，以备紧急援助之需。

通过采取这样的方法，直接人员就能根据情况，按比例有效地进行生产。

间接业务的合理化

那么，间接人员又如何呢?

间接业务不可根据产量按比例增减。而且，间接业务也是必需的，但其不能直接产生附加价值，从这个意义来讲，平时需要尽可能缩小其范围。

改善间接业务，将人员体制合理化时，最令人烦恼的是其与直接作业不同，不是通过眼前的作业、观察制造过程就能明白的简单的东西。

总之，从旁观察也无法理解其在做什么。为此必须将其合理化，但很多公司即使想这么做，也不知道方法，所以没有实行。

但是，当你知道即使观察也无法理解这一问题时，可以将间接业务稍加视觉化，然后在此基础上进行分析。我就是通过以下例子中所示的方法进行了间接作业的视觉化改善。

N 公司是拥有 250 名从业人员，年销售额 85 亿日元的工业机械制造商。

N 公司间接业务部门的加班非常多，这一直以来都是个问题。特别是生产计划部门，虽然生产并不那么忙，但该部门每天下班时间都在 22 ~ 23 点，而且每个星期六都要加班。

于是，我首先提出了“生产计划部门的工作是什么”的根本问题。

本来工厂接到客户订单后，直接生产即可。就是说，本来订单直接传至工厂，工厂接到订单后就可筹备材料，开始生产。但是，材料筹备等工作非常复杂，很费时间。所以 N 公司将此项工作从工厂分离出去，设立了间接部门负责完成。生产计划的制订也是一样。

如果按客户订单要求的日程顺序生产即可的话，事情就很简单了，只需将所有信息传递给现场，按照要求送货即可。

但是，N 公司的生产计划部门非常忙。那么，他们究竟在忙些什么呢？

于是，我复印了该部门每月召开的会议邀请函、会议记录及印发的各类文件。按印发日期将其张贴于墙面。图 74 是我当时整理文件的照片。

此外，我召集了所有相关人员，讨论了各类文件由谁在使用，以及邀请函列出的会议有什么意义等。

令人惊讶的是，每月召开 5 次的会议中真正必不可少的只有 1 个，其余 4 个通过邮件发布信息足矣。

制作的文件，在以前是有用的，但现在已经无人在用了，然而却依然在制作并分发。收到文件的人因为自己不需要所以常常不读就扔掉。因为该部门从未想过大家是否都不需要了，所以一切照旧。

另一个发现是，在生产会议上可能被征求意见的几位董事，要求在会前制作手头资料，为此需要各种准备，这也花了相当多的时间。

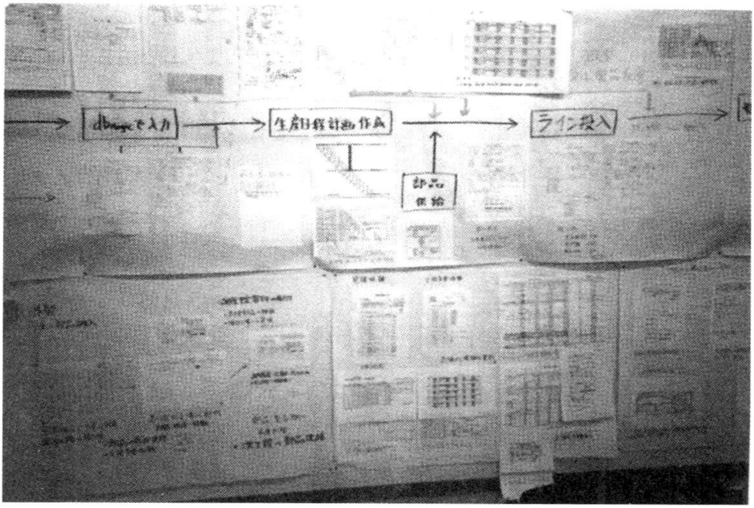

图74　N公司间接业务的改善过程

通过这样的方法，大家平时未曾注意到的员工的工作内容，一目了然展示在所有员工面前，由此大家开始重新思考“间接业务是什么”。

原本，生产管理部门是制造部门的辅助部队，但我发现在不知不觉中，生产管理部门变得只顾自己方便而不考虑制造部门。生产管理部门的工作变得非常复杂，但如果重新立足制造部门的根本进行考虑的话，会发现都是些无用的工作。

经过改善，该部门的会议减至每月 1 次，其余使用邮件进行沟通。当然，周末加班也没有了。以前到最后的微调为止都由生产管理部门负责的生产计划也改为由现场负责，所以该部门管理上了一个台阶，员工也削减了 1 名。

通过这样的方法，将间接部门的工作视觉化，检查工作本来的内容，由此重新审视不知不觉中膨大的工作，并利用这次机会，使间接部门更为精干。

这个例子中的 N 公司通过表面化去除了间接部门的多余工作，只剩下必要工作，从而形成了精干型的体制。在每天工作的不断变化中，如果直接部门难以应对，则采取援助体制，将工厂和市场完全关联。由此，N 公司作为直接部门和间接部门的综合体，形成了没有浪费的体制。

接下来，请参阅图 75。

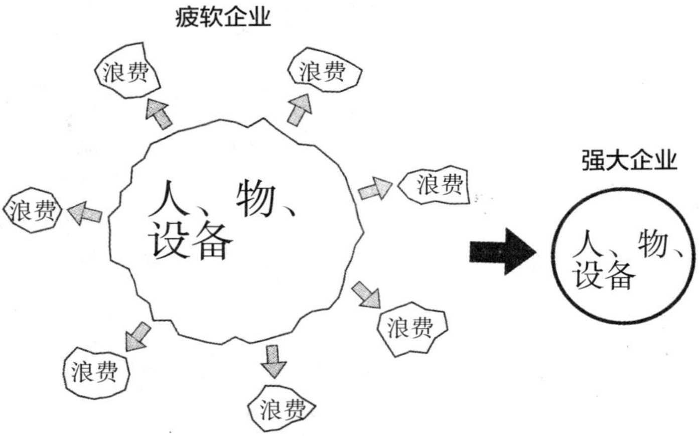

图 75　疲软企业多浪费

如果两家公司制造同等数量的完全一样的商品，那么哪家公司更强呢？当然是投入少的公司更强。两家公司的差异就在于浪费数量的差异。

预测市场动向一直很难。市场信息绝不是只有营业部门才了解，有时工厂更了解市场。

营业部门很多都是分区域或者分产品的。即各个部门的成员只了解有限范围内的信息，并不知道商品整体的动向。即使通过调查有所了解，也是通过查看一些销售结果的数字而有所了解。并不是现在的即时动向。

但是，制造部门由于将所有商品集中在一处生产，所以可以切身体会到“哪个商品的销售扩大了，这么说来，每年这个时期都有这样的趋势”。

通过不持有库存，按照市场需求进行生产，市场行情得以直接传至生产现场。当然，这一点之所以成为可能，是因为生产内容与市场直接相关。简而言之，制造现场可以通过与营业部门完全不同的方式判断商品的销售状况。

但是，很多制造部门的员工不擅长整理、传达，所以自己不会主动提出那样的意见。

只要知道生产现场蕴藏着大量重要信息，社长就可以自己从制造现场得到这些信息。由这些事实来看，可以通过营业部门和制造部门一起推敲计划，从而进行更具体的经营活动。

就这样，在构建制造和营业合作关系的同时，将市场和制造一气贯通、直接关联。

第 10 章

阶段 6　创建一气贯通的流程

完成与设计的关联

终于到了最后一个制造阶段。

目前为止，通过各种改善，减少了库存，缩短了前置时间，市场和制造的距离大幅缩短，一气贯通制造的层次有所提高。

现在，终于到了最后步骤。在最后这个阶段，要完成与设计的关联。

首先请参阅图 76，对阶段 6 的商品制造有一个大致感观。

请注意，表中消费者的订单直接进入了设计部门，这与之前的各个阶段有所不同。

目前为止，制造和市场已经密切关联。这也就是说，企业已确立了最廉价地制造畅销商品的方法。

但是，仅仅如此还不能说做好了万无一失的经营准备。松下幸之助说过，“所谓经营，是进行彻底的市场拓展和彻底的成本降低”。

的确，即使成本是全世界最低的，但如果商品卖不出去，公司照样倒闭。即使开发了非常畅销的商品，如果成本偏高，再怎么销售也不能盈利。

即只有同时做到廉价制造和开发畅销商品这两点，才能进行最强制造，经营才会稳定。

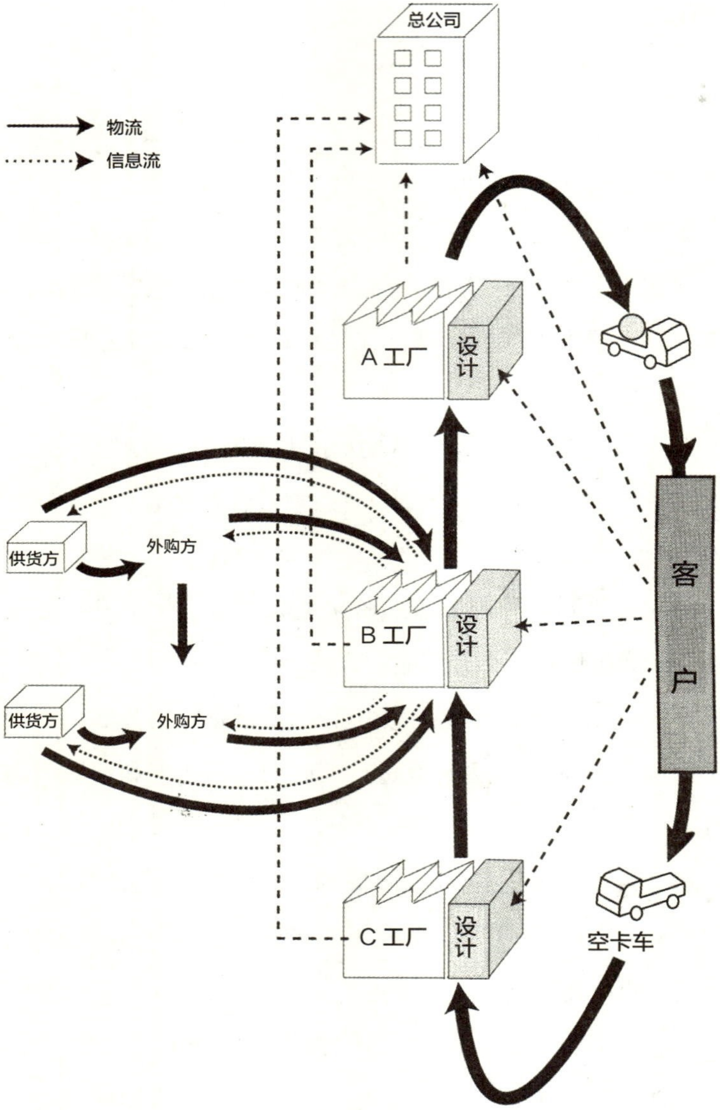

图76　创建与消费者相连的一气贯通的流程

这个阶段需要探讨的内容有如下三个。

第一，**开发与市场需求相符的具有吸引力的商品，提高销售额**。第二，**在设计阶段，通过将零部件、元件通用化，削减件数等方式降低成本**。第三，**更迅速地向市场提供商品**。

简而言之，要抓住消费者需求，在设计至商品化的阶段，以最短的前置时间开发所需商品，而且，在设计阶段力求降低成本，更迅速、更廉价地制造并向市场供货。

到上一章阶段 5 为止，是以最短的前置时间将现有的某一商品交付给消费者的方法论。

最后的阶段 6 则是以最短的前置时间将现在没有的商品交付给消费者的方法论。

具体而言，即让自己公司的技术与消费者提出的产品规格要求相符，提出“能更廉价地提供商品”的方案，之后一举完成生产，交给客户。也即，将整个商品体系的前置时间缩至最短。

那么，该怎么做呢?

下面就参照以阶段 6 的技术为中心设计的图 77，详细说明该方法论。

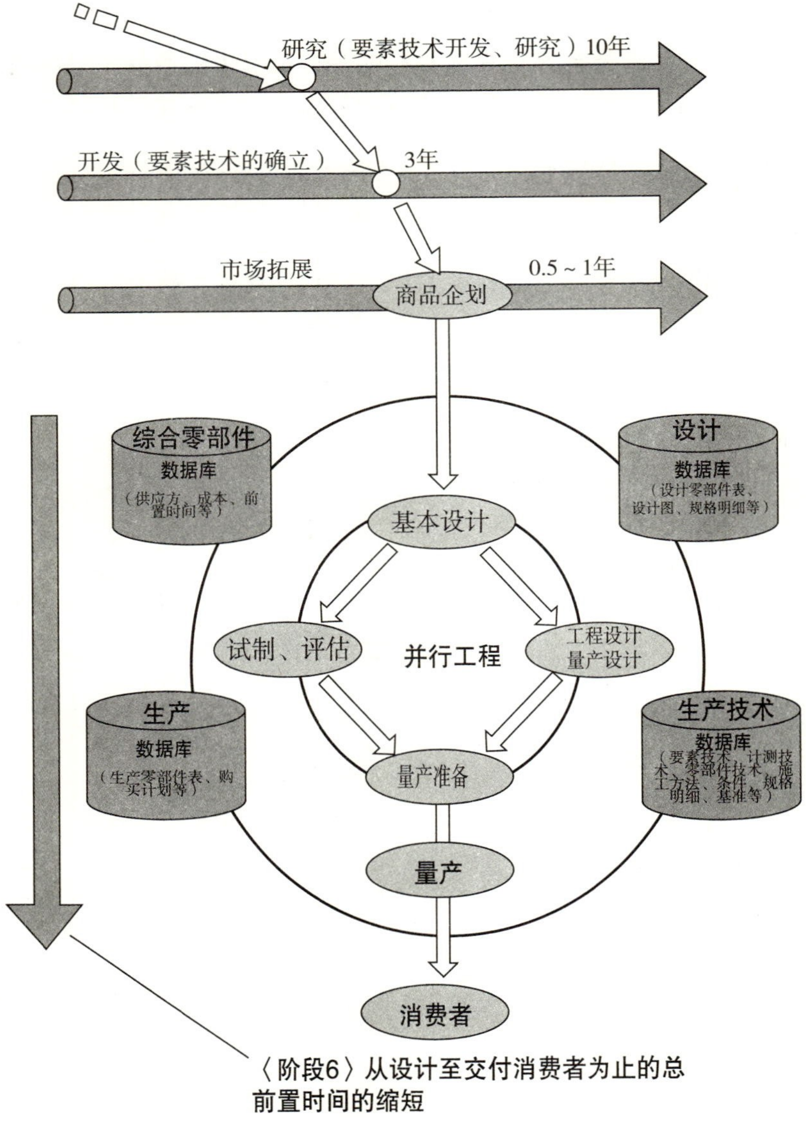

图77　从设计至交付消费者为止的总前置时间的缩短

首先请看图上方的3个箭头。这个箭头表示时间的发展。

最上面的箭头是研究阶段（phase）。所谓phase是指某个阶段的形势、时期。在这个研究阶段，一般是从预测的约10年之后的主要课题中选择目前尚无的要素技术，进行踏实的、基本研究。

第二个箭头是开发阶段。预测约3年之后的市场发展，将从基本研究中产生的新的想法作为要素技术进行具体研究。

第三个箭头一般是预测的半年至1年后的市场发展，以将该技术商品化。

商品企划完成后进入基本设计阶段，设计包括商品本身的设计、用于制造的工程设计、量产设计、量产准备，以及试制、评估等各种工作。

此处重要的是，不能以不同部门分工的方式分开进行各种设计、量产准备等，而应采取整体最高效率的方式灵活推进。一般称为“并行工程”，即图中内侧的小圆圈的部分。

顺便提一下，并行（concurrent）是“同时进行”“合作”的意思。

小圆圈外侧还有一个大圆圈。

这个大圆圈将设计数据库、生产技术数据库、生产数据库、综合零部件数据库等关联在一起，向内侧的小圆圈提供各种信息。

这个圆圈是公司集中管理各位员工在业务活动中获得的知

识（knowledge），是让公司内的信息交换变得更为容易的网络。

最后，图左下方向下的箭头是阶段6的改善课题，表示缩短从设计至交付消费者为止的总前置时间。

为了缩短从设计至交付消费者为止的总的前置时间，公司中的技术、市场拓展、设计、信息数据库、制造、营业等所有部门的人员必须一起朝着同一个方向，以整体最高效率的方式，迅速推进。

困难的是，一般而言，技术人员有技术人员独特的价值观，信息人员有信息人员独特的价值观，市场拓展、生产技术、进行量产准备的人，往往都以各自独特的价值观推进工作，即各自为政，这种现象很普遍。

如何将它们巧妙相连是阶段6的关键所在。为了将这些环节很好地连接起来，需要采取与以前不同性质的，公司整体的均衡化和同步化。

技术力和竞争力

接下来，说一说更难的话题——技术。

首先请参阅图 78。

在原材料技术阶段，首先以要素技术为基础形成固有技术，然后经过工程技术、生产线技术，制作生产用的原材料。

同样，在零部件技术、模块 / 组件 / 标准件技术、产品技术、系统产品技术等各个阶段，也需要经过要素技术、固有技术、工程技术、生产线技术，然后最终生产零部件、模块 / 组件 / 标准件、产品、系统产品。

接下来，请观察一下图 78 中黑圆圈中的数字。

首先，在原材料技术阶段，只有①这一较低的要素技术的公司，不管怎么努力，也只能做到②级别的固有技术、③级别的工程技术、④级别的生产线技术。结果，只能生产低级别的原材料。

当然，如果不是从①，而是从⑤这样的高级别的要素技术开始，则可生产高级别的原材料。

这在零部件技术阶段也是一样的。低级别要素技术形成低级别零部件，高级别要素技术形成高级别零部件。

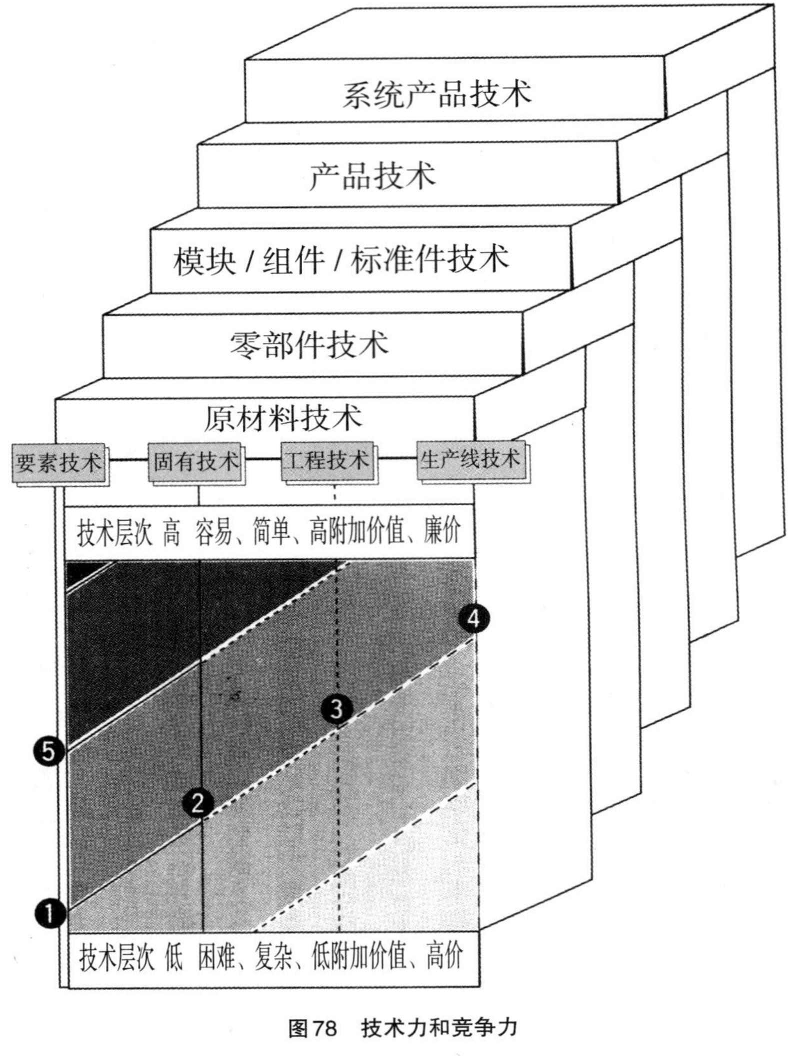

图78　技术力和竞争力

在制造零部件时，是使用高级别要素技术制造的原材料，还是使用低级别要素技术制造的原材料，其差别决定了零部件的品质 QCD（Quality Cost Delivery）的差别。

简而言之，最终零部件的品质 QCD（Quality Cost Delivery）由以下两个要因决定。

第一，零部件技术阶段是从高级别要素技术开始，还是从低级别要素技术开始。第二，使用的原材料在原材料技术阶段是从高级别要素技术开始，还是从低级别要素技术开始。

然后，随着阶段向模块 / 组件 / 标准件、产品、系统产品发展，这些要因不断复合化，在复合化的过程中积累的技术差形成了最终的商品力的差别。即最终商品阶段的 QCD（Quality Cost Delivery）的差别。

因此，在各个阶段，越是从高级别要素技术开始的商品，越能具有好的 QCD。

之前也有谈及，正如汽车的仪表盘现在用标准件制造一般，如今的零部件在不断标准化。

而且，产品也将不再是单品，今后的发展趋势必然会变得更为系统化。

举个浅显易懂的例子，整体厨房、整体浴室就是系统产品。此外，系统公司、系统办公室等，不是在建好楼房后安装各种设备，而是一开始就嵌入生产。产品单体是不行的，所以从一开始就必须进行系统制造。

今后，这样的发展趋势会越发显著吧。

还有智能大楼，或将整条街道系统化的智能街道等大型系统产品。今后商品系统化的规模会逐渐扩大。总之，即便在日本，制造业也还有很大的成长空间。

具备技能的中小企业擅长将各种技术具体为商品。大企业具备研究开发功能，将要素技术理论化、体系化，开发产品。制造商品不仅需要在理论上成立的“技术”，还需要具体化的“技能”。即技术具有由技能支撑的一面。

例如，锻造、铸造、切割、研磨、涂装等领域，无法用计算机标准化，所以很多中小企业依靠手工匠人的优秀技能进行制造。

可以说中小企业今后开拓新领域的可能性很大。

提高商品生产线能力而不增加库存

接下来，讨论阶段 6 的降低成本。

通过目前为止的改善，生产线一侧的库存大幅减少。那么，为了进一步削减库存，该怎么做呢?

首先我们假定最终产品有 3 类，以前 3 种产品分别使用不同的零部件。如果能把这些零部件改成通用品种，那么金属模具和库存的费用显然会大幅降低。

最近，消费者的要求越来越高。

以前消费者对于只有一种形状、一种颜色的产品也很满意，那是因为以前需求远远大过供给。

但是，观察一下我们目前所处的环境，已经完全不可同日而语了。如果不持续努力，找到消费者需求的东西，将其商品化，瞬间就会失去顾客。

然而也绝不能说一味提高生产线能力就是正确的经营。因为这种方式虽然能增加销售额，但是零部件库存、商品库存及管理费用都会增加。

因此，必须考虑能同时改善这两点的方法。即不增加库存，提高商品生产线能力。

纵观目前的汽车行业，与以前相比，商品明显多样化了。

众所周知，尽管汽车外形完全不同，但车的构成部分是相同的，厂商可以此削减成本。

不久前，还有双车种同形车、三车种同形车，这些车除了车头格栅（散热部分）和汽车标志有所不同以外，其余几乎都一样。

然而，最近的车型无论大小还是形状都完全不同，让人怀疑汽车构成部分是否相同。我们需要通过对此进行研究来解决看似矛盾的课题。

例如，消费者总是希望厂商能将具有类似功能的电子产品，制作成完全不同的商品销售。这时，如果能使用相同的电路板，只替换部分不同的半导体零部件，就可将电路板通用化。

这种零部件的通用化改善很多都是非常简单的。但是，实际去做时，有时会遭到成本管理部门的强烈反对。

因为使用通用电路板，即需要使用最大公约数的电路板，电路板的面积变大，零部件单价也会增大。

当然，进行通用化时不增大电路板面积是个重要的设计课题。因此，我们以面积扩大为前提展开讨论。

这类争论的问题点是，成本报价方法不是以生产实际投入资金和实际销售的关系计算，而是将个别零部件的单价总和作为产品成本。关于这点，请参考图 79。

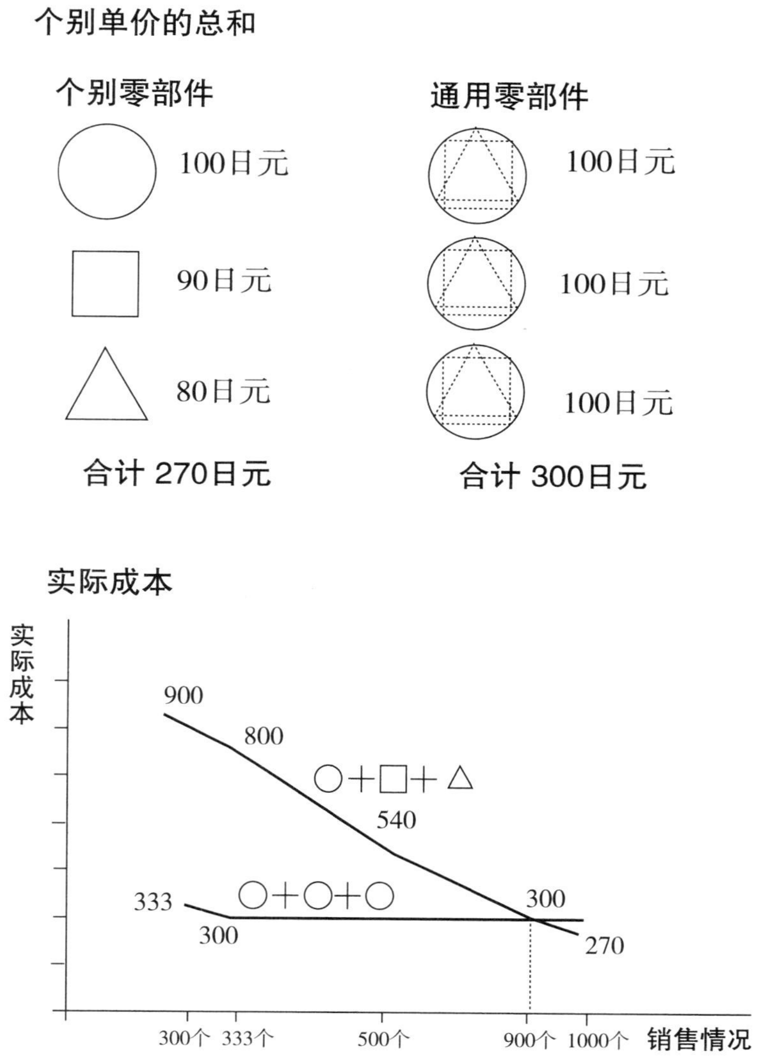

图79　个别单价和实际单价

图 79 列出了通用零部件和个别零部件。所有零部件的最小

购买批量为1000个，各单价分别为通用零部件100日元、圆形个别零部件100日元、正方形个别零部件90日元、三角形个别零部件80日元。

制作一个产品需要3个零部件。

此时，购入的零部件的单价分别如下。

使用3个通用零部件时：

100日元×3个=300日元

使用个别零部件时：

100日元+90日元+80日元=270日元

从这个计算来看，使用个别零部件的购入成本比使用通用件低10%。但这是将批量购买的1000个零部件全部制作成产品，然后全部销售时的数字。

实际是批量购买1000个零部件，所以买1000个通用零部件时的花费是：

100日元×1000个=100000日元

而分别购买1000个3个种类的个别零部件时的花费是：

100日元×1000个+90日元×1000个+80日元×1000个=270000日元。

那么，只有1000个产品全部销售出时，实际单价才为270日元。如果只卖出了500个，还剩余500个的话，成本就是2倍——540日元。

如图79所示，销售情况决定的实际成本在销量少于899个之前，都是使用通用零部件更为便宜。

卖出 900 个时两者的成本才一致，同为 300 日元，而只有销量多于 900 个时个别零部件才更便宜。

而且，使用通用零部件时，由于同一个零部件的购买量增加，所以采购价格容易降低。另外，使用个别零部件时，库存会增加，风险也因此而增大，同时运输和相应的管理费用也会增加。

即库存增加不会出现在一般进行的计算中，其不利要素非常多。

当然，如果 1000 个数量的产品能很快销售的话，个别零部件的成本就更低。所以不可一概而论哪个是正确的，应该在全面了解两者的基础上进行判断。

不杂货化的商品

此外，作为评价阶段6的另一个切入口，需要考虑商品的生命周期。

新商品面市受到市场好评时，销售会有所变化，其过程如图80所示。即销量急剧增加，然后逐渐进入稳定状态，最后开始回落，这种状态会持续很久。

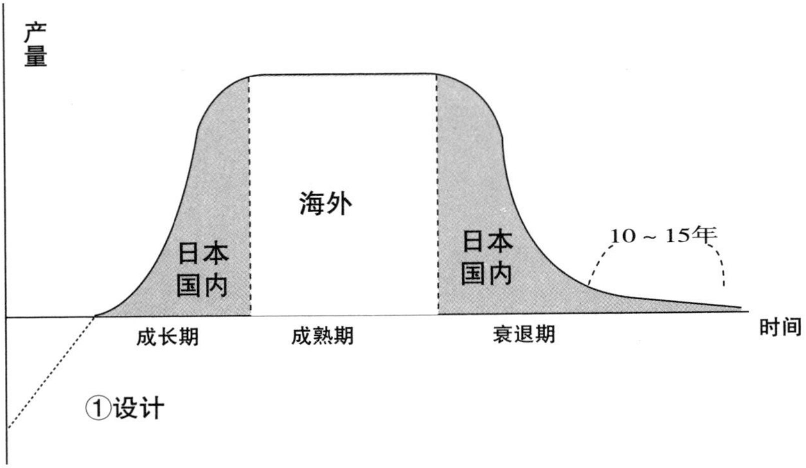

图80　商品的一生

一般而言，我们将最初的上升状态称为“启动”。另外，对最后的回落状态没有固定的称呼方式，我们暂且称为“回落”。

商品的寿命必然会伴随“启动”和“回落”。

因商品的性质不同，有的商品会面临非常严峻的价格竞争，如果是廉价、大批量销售的商品，还是海外生产比较合适。

但是，从图中来看，并不是所有阶段都能在海外进行。首先从设计开始，最初的启动期（成长期）需要在日本国内进行。这个时期要全面动员日本国内技术，短时间内启动商品。有的公司将此称为垂直启动。

在这个阶段，当了解到商品已被市场接受且能大量销售时，可以在海外大量生产。由于商品大量销售，所以日本国内也可以持有库存，即便在海外大量生产风险也比较低。

然后，最后阶段的回落期需要再度切换回日本国内生产。这时，不可持有任何库存，要根据订单生产必要数量的产品。

最近，以前的高端产品——电子产品也进入了杂货化阶段，坏了的话，不修理直接扔掉的商品增多。即杂货化的商品无须维护保养，所以没有回落期。我觉得，今后这种杂货商品的设计（图 80 中的①）也可以在海外进行。

此处必须注意的是杂货商品中也必定有多品种少批量的商品。

例如，电视机等也已进入杂货化阶段，但并不是所有的电视机都适合在海外生产，需要新技术的电视机必须在日本生产。

现在中国生产的超低价格的服装很畅销，但并不是市场整体都喜欢低价格的服装，还存在想定做服装的人。

令人意外的是，现在很多杂货化的商品都是被称作高科技的产品，而那些低技术的商品反而能得到长期使用，因而需要认真维护、保养。

借此机会，大家再从这个角度重新审视一下自己公司的商品吧。

表4 市场的两极化

市场的两极化	有需求的市场	需求已被满足的市场
企业的生存方式	残存者获利	将重点移至成长领域 (事业构造的转换)
商品的方向	既存商品的低价格化	创造新需求 新产品的制造
具体化的策略	彻底降低成本	创造新的、独特的技术 (研究下一代技术)
技术环境的不同	比起商品化技术， 要素技术更强	比起商品化技术， 要素技术更弱
质量强化的方向	品质管理的强化	要素技术的强化

所谓市场的两极化是指“有需求的市场”和“需求已被满足的市场”。由于市场不同，公司的生存方式、商品的方向、质量管理等经营方向自然也会有所不同。

开发期的缩短

通过以上说明，我想读者已经明白了制造和设计相关联的重要性。

那么，实际中应以怎样的形式实现阶段 6 呢?

我觉得，目前与阶段 6 最接近的是汽车行业。

以前新车的开发需要 4 年。即如果某新车开始销售，那么其企划是在 4 年前开始的。

但是，现在新车的开发时间不足 1 年，前置时间显著缩短。在汽车业，市场、制造、设计以极短的开发周期连接在一起。而且，这个时间还将进一步缩短。即在向着理想状态稳步前进。

业界不同，这个阶段的理想状态也会各有不同。各企业的社长应该以自己的公司达到阶段 6 为目标。达到了这个阶段，也就意味着无论是成本方面还是应对市场方面，该公司对于市场都有其独到之处。即具有不可复制的技术。我们需要将制造提高到这个阶段。

以上讨论了一气贯通的阶段 0 至阶段 6。

我最后想说的是，处于阶段 1 或者阶段 2 的公司，只有在强有力的总公司的领导下，才能幸存。

从保障所有员工的生活、充分发挥公司整体能力这个角度来看，拥有自己公司的品牌及营业、技术、制造团队的厂商必须

表5　一气贯通制造各阶段的改善要点

阶段	人　①教育训练层次 ②意识层次 ③效率层次	流程	均衡化	同步化	自动化	浪费
0	单项技能 共有本工程的价值观 单个效率	大批	大批	大批计划	自动化	大
1	工程内多项技能 共有工程内的价值观 工程层次的效率	工程内流程	作业层次的均衡化(作业、数量、时间)	动作层次同步	·人和设备分离 ·小型化 ·发生异常时设备停止	
2	工程间多项技能 共有生产线的价值观 生产线层次的效率	工程间流程	工程层次的均衡化(品种、数量、时间)	作业层次同步	阶段1的要点+ ·生产线制造设备 ·发生异常时生产线停止	
3	现场多项技能 共有工厂层次的价值观 工厂层次的效率	工厂内流程	工厂层次的均衡化(品种、数量、时间)	工程层次同步	阶段2的要点+ ·发生异常时工厂内的工作停止	
4	直接部门多项技能 共有产品层次的价值观 产品层次的效率	工厂间流程	产品层次的均衡化(品种、数量、时间)	工厂层次同步	阶段3的要点+ ·发生异常时工厂间的工作停止	
5	直接部门多项技能 专家化 共有商品层次的价值观 商品层次的效率	与消费者相连的流程	商品层次的均衡化(品种、数量、时间)	营业层次同步	阶段4的要点+ ·发生异常时所有工作停止	
6	直接部门多项技能 专家化 共有新商品层次的价值观 新商品层次的效率	与新商品的消费者相连的流程	包括新商品开发在内的商品层次的均衡化(品种、数量、时间)	公司层次同步	阶段5的要点+ ·发生异常时，从新商品开发至量产为止的过程都停止	小

以阶段 6 为目标。

此外，一气贯通的所有阶段的改善要点列于表 5 中。该表对比了阶段 0 至阶段 6 的改善，在进行改善时可供参考。

制造的原点

终于到了最后一项讨论。目前为止我们讨论了技术制造的方法论。

最后，想说明一下制造的原点，以此结束本书的内容。

日本这个国家原本是没有资源的国家，依靠人力资源才创造了今天的繁荣。繁荣的根基是日本的制造。

现在日本的所有有形东西都是前人创造的，而不是从别处买来的。

以前的人使用原材料，绞尽脑汁、切磋琢磨，进行制造。这一根本今后也不会变。因为物质再丰富，也是人创造的。

例如，过去的人进行了创造，用铁板制造了汽车。

为了制造汽车，各种各样的人创造了冲压技术、打孔技术、切割技术，以及所需的刀具、工具、机器等不计其数的技术，这才有了现在的汽车。

现在很多人为了制造电动汽车、无公害汽车，正以这些不计其数的技术为基础，努力追求着更高的技术。

制造文明由此不断发展。

与此同时，企业整体创造了产生雇用的良性循环。人创造所有价值，企业利用技术发展获得成长。

因此，对企业而言，重要的是如何营造人类创造优秀技术的环境，以及如何建立只有努力才会获得回报的组织。因为，创意和技术从良性紧张感或者危机感中产生。

企业不能简单追求利润，而应通过实际利益稳定经营，获得利益。最重要的投资是人的投资，因此企业负有认真教育、培训员工的责任。

最近，有人说今后日本无法再依靠制造生存，但事实绝非如此。用有竞争力的技术（核心技术）进行制造，公司必定会有所发展。

此处所说的技术是指要素技术、流程制造技术、短交货期制造技术等广义上的技术。

制造技术原本不属于产品，而属于技术本身。

所以用技术制造产品，如果某个工厂拥有 100 条生产线，制造从点心到高级电视机的各类产品，也没什么奇怪的。

说得更极端一点，只要拥有技术，什么都能制造。

的确，今后为了在竞争中立于不败之地，需要艰苦作战。但是，只要公司整体团结起来，以阶段 6 为目标推进改善，必定能打开局面。

不管眼前的道路多么荆棘丛生，只要将公司磨炼至这个阶段，就能如丰田汽车一样，制造全世界技术最新、成本最低的汽车，获得巨大利润。

最后，列出我们改善顾问提出的改善理念，结束本书（见图 81）。

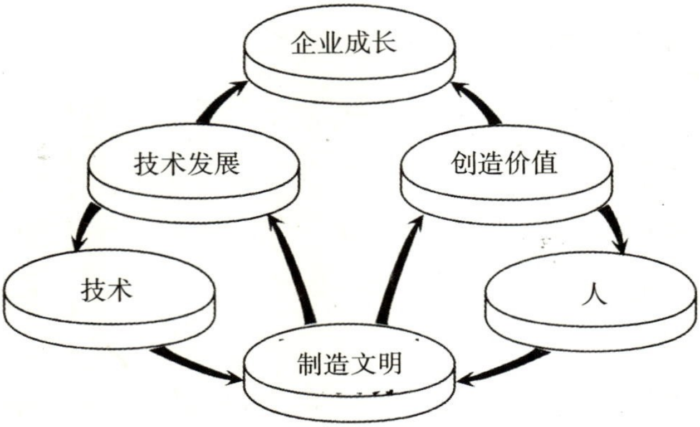

图81　制造的原点

准时生产改善的理念是指在提高企业效率、获得利润的同时，注重和自然的和谐相处，以达到最合理的资源配置。

参考文献

大野耐一著「トヨタ生産方式」ダイヤモンド社 1978年

新郷重夫著「源流検査とポカヨケシステム」 日本能率協会 1985年

J・P・ウォマック/D・ルース/D・T・ジョーンズ/沢田博译「リーン生産方式が世界の自動車産業をこう変える」経済界 1991年

M・ハマー/J・チャンピー/野中郁次郎译「リエンジニアリング革命」日本経済新聞社 1993年

野口恒著「超生産革命 BTO」日本能率協会マネジメントセンター 1998年

エリヤフ・ゴールドラット著/三本木亮译「ザ・ゴール」ダイヤモンド社 2001年

东方出版社助力中国制造业升级

定价：28.00 元

定价：32.00 元

定价：32.00 元

定价：32.00 元

定价：32.00 元

定价：32.00 元

定价：30.00 元

定价：30.00 元

定价：32.00 元

定价：28.00 元

定价：28.00元

定价：36.00元

定价：30.00元

定价：32.00元

定价：32.00元

定价：32.00元

定价：38.00元

定价：26.00元

定价：36.00元

定价：22.00元

定价：36. 00 元

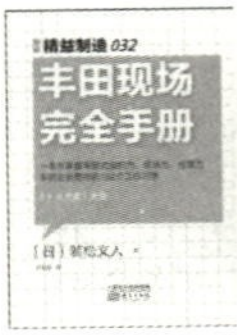

定价：46. 00 元

定价：38. 00 元

定价：42. 00 元

定价：49. 80 元

定价：38. 00 元

定价：38. 00 元

定价：38. 00 元

定价：45. 00 元

定价：52. 00 元

定价：42.00 元

定价：42.00 元

定价：48.00 元

定价：58.00 元

定价：48.00 元

定价：58.00 元